Dieses Buch ist all jenen gewidmet,
die auf der Suche nach einem glücklichen
und erfüllten Leben sind.

Dankbar sein, das ist ein Segen,
es bringt Wunder über Wunder in unser Leben.
Viele Engel arbeiten dann leise
für uns, auf ganz wunderbare Weise.

Angela Schäfer

Über die Autorin

Angela Schäfer hatte ihr erstes bewusstes Einheitserlebnis mit Gott und allem, was existiert, im Alter von zwei Jahren. Seither ist sie erfüllt von Liebe zu Gott und allen Geschöpfen – und wünscht sich, dass alle gesund und glücklich in einer heilen Umwelt leben. Deshalb studierte sie Ökotrophologie (Ernährungswissenschaften mit Umweltlehre und Journalismus / Öffentlichkeitsarbeit) und arbeitete jahrelang im Bereich Gesundheit und Umweltschutz als Fachjournalistin, Redakteurin, Lektorin und in der Öffentlichkeitsarbeit öffentlicher Einrichtungen.

Eines Tages forderte Gott sie auf, Bücher über ihre Erfahrungen mit ihm zu schreiben. Seit ihrer frühen Kindheit spricht er mit ihr und führt sie durch ihr bewegtes Leben. Mit seiner Hilfe durfte sie zahlreiche schwierige, auch bedrohliche Situationen meistern und bereits zweimal in schwerer Krankheit außergewöhnliche Wunderheilungen erfahren.

Ihre Bücher, mit denen sie die Herzen der Leser für Gottes Liebe öffnen möchte, sind voller ermutigender Erfahrungsberichte und praktischer Lebenshilfe zum Gesund- und Glücklichwerden.

ANGELA SCHÄFER

Die heilende Kraft des Dankens

Der Weg zu erfüllten Wünschen und Glück

ch. falk-verlag

Hinweis der Autorin

Alle Geschichten in diesem Buch sind wahre Erlebnisse. Die Namen der Personen wurden geändert, um ihre Privatsphäre zu schützen. Die Bibelzitate stammen, falls nicht anders vermerkt, aus der Bibel nach Martin Luthers Übersetzung, aus der Bibel „Hoffnung für alle" und aus der Guten Nachricht des Alten und Neuen Testaments.

Hinweis des Verlags

Dieses Buch wurde mit viel Liebe für dich und dein höchstes Wohl geschrieben. Es will dich ermutigen, dir mit Gottes Hilfe deine Wünsche glückbringend zu erfüllen und deine Probleme auf einfache Weise zu lösen. Aus rechtlichen Gründen muss dennoch darauf hingewiesen werden, dass jeder für sein Handeln selbst verantwortlich ist und weder die Autorin noch der Verlag dafür die Verantwortung oder Haftung übernehmen.

www.chfalk-verlag.de

Umschlaggestaltung: Angela Schäfer, Fotoweitblick, Bad Aibling
Titelfoto: Evelyn Rudnik
Illustrationen: Angela Schäfer
Innenlayout und Satz: Angela Schäfer, Fotoweitblick, Bad Aibling
Druck: Franz X. Stückle Druck und Verlag e.K., Ettenheim
ISBN 978-3-89568-303-9

Printed in Germany

Inhalt

Dank der Autorin

In einem Buch, das den Segen des Dankens beschreibt, darf eines nicht fehlen: der Dank an alle, die zum Entstehen dieses Buches beigetragen haben. Ganz herzlich danke ich allen lieben Menschen, die mir erlaubt haben, ihre Erlebnisse zu veröffentlichen, und die mich mit Elan und Begeisterung bei diesem Buchprojekt unterstützt haben. Von Herzen danke ich Gott und seinen himmlischen Wesen für ihre wunderbare Hilfe, denn nur durch sie war es möglich, dieses Buch zu schreiben; überaus dankbar bin ich Gott für die großen Glücksgefühle, die ich dabei erfahren durfte. Und ich danke Gott jetzt schon, dass dieses Glück auf dich, liebe Leserin, lieber Leser, übergeht, wenn du dieses Buch liest und die Wirkung des Dankens in deinem eigenen Leben ausprobierst.

Vorwort der Autorin

Sei herzlich willkommen im Glück!
Danke Gott – und deine Wünsche werden wahr!

Liebe Leserin, lieber Leser,

mit diesen Worten lade ich dich ein, dich von himmlischer Fülle verwöhnen zu lassen und dein Leben voller Glück zu genießen. Egal in welcher Situation du gerade steckst oder welches Problem dich gerade plagt: Mit Hilfe eines ganz einfachen Rezeptes lassen sich all deine Sorgen und Nöte in Glück verwandeln.

Fragst du dich, wie ich diese ungeheure Behauptung aufstellen kann? Weil mit Gott alles möglich ist und dieses Rezept ein Geschenk von ihm ist, mit dem er uns Menschen reich beschenken will. Seit vielen Jahren probieren mir bekannte Menschen und ich dieses grandiose Rezept aus. Und wir können dir versichern, es funktioniert und ist noch dazu ganz einfach.

Die Bibel gibt uns einige Hinweise darauf, und eigentlich müsste es in der Welt allgemein bekannt sein. Aber immer wieder stelle ich fest, dass noch viel zu wenige davon wissen, geschweige denn, davon Gebrauch machen. Weil ich mir von Herzen wünsche, dass alle Menschen glücklich sind und in Frieden und himmlischer Fülle leben, will ich mit diesem Buch das Rezept des Dankens dir und der ganzen Welt bekannt machen.

Die Wunder, die andere Menschen und ich auf diese Weise bisher erleben durften, will ich mit dir teilen und dich motivieren, dir deine Wünsche mit der großartigen Hilfe Gottes zu erfüllen.

Probiere es aus, und Gott wird in deinem Leben Wunder über Wunder geschehen lassen!

Mache zusammen mit Gott dein Leben zu einem spannenden Abenteuer ohne Risiko und lasse dich überraschen, welche wunderbaren Geschenke er für dich bereithält.

Angela Schäfer

Dein Traumpartner wartet auf dich!

Wünschst du dir auch jemanden, ...

... der dich bedingungslos und über alle Maßen liebt?

... der dich nur mit den Augen der Liebe betrachtet und

... der die strahlende Schönheit in deinem Inneren schon längst entdeckt hat?

... der weiß, dass du großartig bist und es dir auch sagt?

... der dir jeden Wunsch von deinen Lippen, deinen Augen, ja sogar aus deinem Herzen ablesen kann und sehnlichst darauf brennt, für dich alles zu tun, was dich glücklich macht?

... der dir alle Freiheit lässt, die du willst?

... der dir treu für immer ist und immer zu dir steht, egal was passiert?

... auf den du dich richtig verlassen kannst?

... der geduldig auf dich wartet, so lange bis du dich endlich auf den Weg zu ihm machst, auch wenn es eine Ewigkeit zu dauern scheint; und der dich dann freudig empfängt, ganz ohne Murren, wo du denn so lange geblieben bist?

... der dir die originellsten Liebeserklärungen macht, über die du immer wieder staunst?

... der dich immer wieder ermutigt, an deinem Lebensziel festzuhalten oder vielleicht erst einmal eines zu finden?

... der dich und deine Talente fördert und nur das Allerbeste für dich will?

... der dich unbeschreiblich glücklich macht und

... der einfach der beste Partner für dich ist, voller Güte, Liebe und Weisheit?

Gibt es so jemanden überhaupt? Das hört sich alles nach einem idealen Traumpartner an, den es auf der Erde doch wohl nicht gibt. Oder doch? Oh ja, es gibt ihn – und zwar für jeden von uns, auch für dich! *Wie er heißt? Wo er wohnt? Wie du ihn findest?* Er heißt: Geist der Liebe oder Vater-Mutter-Gott – oder einfach nur Gott! Er wohnt: überall im ganzen Universum und auch ganz nahe – in dir! Du findest ihn, indem du ihn anrufst. Dann wird er sich dir zeigen. *Wie?* Lasse dich überraschen. Gott ist originell.

Zeichen der Liebe

So betete ich vor einigen Jahren: „Lieber Gott, zeige mir ganz deutlich, dass es dich gibt. Zeige mir, dass du mich liebst!"

Seit diesem Gebet entdecke ich immer wieder Herzen in meiner Umgebung. Gott lenkt meinen Blick seither auf Dinge, die ich vorher nicht sah. Zum Beispiel liege ich im Bett und betrachte die tapezierte schräge Decke über mir. Plötzlich erkenne ich in dem unregelmäßigen Muster der Tapete eine Erhöhung, die wie ein kleines Herz aussieht. Oder ich entdecke an meinem Holzschrank plötzlich eine Maserung in Form eines Herzes. Sogar bei unserem Komposter im Garten hat ein Brett ein großes Astloch in Herzform!

Wenn ich das Geschirr spüle, teilt sich der Schaum des Spülmittels seitdem immer wieder mal und lässt in Herzform das Wasser darunter hervorschauen. Im vergangenen Winter blieb auf dem Weg vor unserer Haustür ein schön geformtes Schneeherz liegen, während der übrige Schnee bereits weggetaut war.

Beim Zähneputzen oder Händewaschen finde ich seitdem am Waschbecken immer wieder Wassertropfen in Herzform. Sogar Haare legten sich am Badboden in eine schöne Herzform. Beim Spazierengehen fällt mein Blick manchmal auf der Straße auf einen Teerfleck in Herzform!

Die Herzen begegneten mir als Loch in der Papiertüte, in der ich Gemüse eingekauft hatte, als eingedrückte Stelle in einer

Kartoffel, die ich schälte, sogar als Loch in meinem Socken und als Blutfleck auf meiner Bettwäsche, als ich einmal Nasenbluten hatte.

Die Liste ist noch lange nicht vollständig. Gott malt mir seine Herzen in allen möglichen Variationen mit den verschiedensten Materialien oft auch an Orte, wo ich keine Herzen vermutet hätte. Da es inzwischen so viele Herzen sind, die ich seit meinem Gebet entdeckt habe, bin ich mir ganz sicher, dass es keine Zufälle sind, sondern Zeichen der Liebe Gottes.

Gott liebt auch dich auf ganz unvorstellbare Weise und er möchte auch dir seine Liebe zeigen. Probiere es doch einfach mal aus. Am besten dankst du Gott für die Zeichen seiner Liebe gleich im Voraus und lässt dich überraschen, wie er dir seine Liebe zeigt.

Wie du das Glück für dich gewinnst

Es ist ein wunderschönes Gefühl, Gott als Traumpartner an seiner Seite zu wissen. Jede Partnerschaft lebt davon, dass beide Partner sich in die Beziehung einbringen und etwas zum gemeinsamen Glück beitragen.

Was wünscht sich Gott von dir? Wie auch jeder andere Partner will er bestimmt, dass du ihn von Herzen liebst. Und Gott will noch etwas, was ihm ganz wichtig ist: Er will, dass du ihn lobst.

Preist Gott in seinem Heiligtum!
Lobt ihn, den Mächtigen im Himmel!
Lobt ihn, denn er tut Wunder,
seine Macht hat keine Grenzen!
Alles, was atmet, soll den Herrn rühmen!
Psalm 150, 1.2.6

Warum will Gott gelobt werden? Die Frage lässt sich ganz einfach beantworten: Da Gott nicht nur im Himmel wohnt, sondern auch in jedem von uns, brauchen wir nur in uns hineinzuhören. Wie fühlen wir uns, wenn wir gelobt werden?

Gut, sehr gut! Lob baut auf. Lob erfüllt unser Herz mit Freude. Lob motiviert, mit unserer Arbeit fortzufahren und noch mehr zu arbeiten für den, der uns lobt. Wie großartig sich das Loben auch für den auswirkt, der lobt, wurde mir vor einigen Jahren erst richtig bewusst. Damals leitete ich die Öffentlichkeitsarbeit einer großen Einrichtung. Zu meinen Aufgaben zählte es, eine Fachzeitschrift herauszugeben und die Autoren dafür zu gewinnen. Neben einigen externen Fachleuten sollten vor allem interne Autoren, also Mitarbeiter der Einrichtung, die Fachartikel liefern. Da sie die Texte jedoch nicht in ihrer normalen Arbeitszeit schreiben durften, hielt sich ihr Interesse in Grenzen. Es war eine Zusatzbelastung, die ihnen nicht viel Geld brachte. Weil ich das Honorar nicht erhöhen und keinen Kollegen verpflichten konnte, Artikel zu schreiben, war ich auf ihren guten Willen angewiesen.

Als ich die Stelle frisch übernommen hatte, musste ich für meine erste Ausgabe der Zeitschrift einige Artikel selbst schreiben. Bereits ein halbes Jahr später bekam ich so viele Fachartikel aus dem eigenen Haus, dass ich die Artikel meiner Autoren auf Wartelisten setzen musste, obwohl ich den Umfang der Zeitschrift deutlich erweiterte. Bald hatte ich für ein Jahr im Voraus feste Zusagen für Artikel, und manche davon lagen mir bereits Monate vor der Veröffentlichung vor. Wie war das möglich? Es war ganz einfach. Ich brachte mein Anliegen, dass ich dringend Artikel benötigte, vor Gott und er brachte mich sofort auf eine einfache Idee:

Freudig lobte ich nun jeden Kollegen, der mit einem Vorschlag zu mir kam; auch dann, wenn der Text sehr kurz oder schlecht formuliert war. Irgendetwas gab es immer zu loben, und wenn es nur das war, dass der Autor sich Gedanken gemacht und Zeit dafür genommen hatte. Mein Lob tat den Kollegen gut und öffnete sie für meine Wünsche. Während mir einige Fachleute zu Beginn unserer Zusammenarbeit erklärten, dass ich kein Wort in ihrem Text ändern dürfe, wandelten wir nun gemeinsam die schwer lesbaren Texte in eine leicht verständliche Sprache um. Oft bedankten sich die Autoren anschließend bei mir, dass mit meiner Hilfe ihre Texte so gut geworden waren. Das Lob kam so auf mich zurück und tat auch mir gut.

Mein Lob spornte meine Kollegen an, sich immer neue Themen für die Zeitschrift zu überlegen. Die Fotos, die sie mir lieferten, wurden immer perfekter und origineller. Ich lobte alle sehr und bekam immer mehr und immer besseres Material für meine Zeitschrift. Nach einiger Zeit sagten mir einige meiner Autoren, dass sie richtig stolz seien, für eine so gute Zeitschrift schreiben zu dürfen. Auch mir machte die Arbeit nun viel mehr Spaß.

Gott loben bringt mehr Spaß ins Leben

Genauso funktioniert das Loben auch mit Gott. Dabei gibt es nur einen Unterschied: Gott ist viel großartiger, mächtiger, liebevoller, erfinderischer und genialer als irgendein Mensch.

Motiviere Gott, für dich zu arbeiten. Gewinne Gott für dich, indem du ihn immer wieder kräftig lobst! Alles Lob wird auf dich zurückkommen und in dein Leben viel Glück und Spaß bringen.

Ich will den Herrn loben allezeit;
sein Lob soll immerdar in meinem Munde sein.
Psalm 34,2

Mein Weg in ein glückliches Leben

Wie kann ich so felsenfest behaupten, dass Glück und Freude in dein Leben kommen, wenn du Gott lobst? Weil ich es am eigenen Leib hautnah selbst erlebt habe! Lange, bevor mir bewusst wurde, wie positiv das Loben und Danken unsere Mitmenschen beeinflusst, probierte ich dieses Phänomen mit Gott aus. Eine große Not veranlasste mich damals dazu, weil ich keinen anderen Ausweg mehr sah.

Die Medizin konnte mir nicht helfen

Zehn Jahre lang plagte mich eine Hautkrankheit, bei der mir weder Ärzte, Heilpraktiker noch Geistheiler verschiedener Städte helfen konnten.

Zunächst begann alles recht harmlos: Es traten kleine Bläschen an meinen Händen auf. Meine Haut nässte, juckte und war gerötet. Salben und Bäder linderten die Symptome. Doch bald kamen die Bläschen wieder und entwickelten sich zu eiternden, blutenden Wunden. Meine Finger schwollen so stark an, dass ich sie zeitweise nicht mehr abknicken konnte.

Normale Hausarbeit wie Kochen, Abspülen, Waschen und Putzen wurde für mich zur Tortur. Über mehrere Jahre erledigte mein lieber Mann Michael für uns den gesamten Haushalt und wusch mich, weil ich es selbst nicht mehr konnte. Tag und Nacht trug ich Baumwollhandschuhe – tagsüber, um mich vor Infektionen zu schützen, und nachts, um mich nicht ständig wieder neu aufzukratzen. Der quälende Juckreiz hinderte mich oft am

Schlafen. Das Wechseln der Handschuhe war schmerzhaft, da sie regelmäßig an meinen Wunden anklebten.

Vier Jahre nach Beginn der Hautkrankheit breitete sie sich auf den restlichen Körper aus: An beiden Armen, Beinen, Brust, Bauch, Rücken, Augen und Ohren juckte, rötete, nässte und schuppte sich nun die Haut. Oft brach sie auf und blutete. An den betroffenen Stellen fielen mir die Haare aus. Meine Nägel wurden wellig. Ich unterzog mich immer wieder den verschiedensten medizinischen Tests und Behandlungen in mehreren Städten. Aber niemand konnte die Ursache feststellen. Kein Mittel und keine Behandlungsmethode, ob schulmedizinisch oder alternativ, wollte helfen.

Gut erinnere ich mich an die ratlosen Blicke einiger Ärzte und die entmutigenden Kommentare nach erfolglosen Behandlungen. Ein freundlicher Arzt sagte zu mir bedauernd: „Mit dieser Krankheit werden Sie wohl Ihr ganzes Leben zu kämpfen haben.“ Eine Ärztin, die sich längere Zeit mit verschiedensten Naturheilverfahren um meine Heilung bemüht hatte, meinte einfühlsam: „Ich glaube, die Medizin darf Ihnen bei Ihrer Krankheit nicht helfen, weil Sie damit eine Aufgabe haben.“ Ihre Worte verstand ich erst Jahre später.

Der letzte Arzt, den ich aufsuchte, attestierte mir eine Nickelallergie stärkster Ausprägung und gab mir folgenden Rat: „Vermeiden Sie jeglichen Kontakt mit Edelstahlbesteck, Türklinken, Fenstergriffen, Geldmünzen, Schlüsseln, ... Die Nickelallergie ist jedoch nur eine Ursache für Ihre Symptome. Ihr Krankheitsbild ist so stark ausgeprägt, dass noch etwas anderes dahinter stecken muss. Aber ich weiß nicht, was es ist. Die Medizin kann Ihnen bei Ihrer Hautkrankheit auf jeden Fall nicht helfen. Versuchen Sie, irgendwie damit zu leben, auch wenn ich nicht weiß, wie man damit leben kann.“ Mutlos verließ ich seine Praxis und dachte mir: „Dann kann mir nur noch Gott helfen!“

Im Danken liegt ein großer Segen

Kurz darauf schloss ich mich einer Gebetsgruppe der Kirche an und durfte tatsächlich eine Heilung durch das Gebet erleben. Mehrere Monate lang beteten Freunde für mich, zum Teil mit Handauflegung, zum Teil aus der Ferne.

An einen Abend erinnere ich mich besonders gut. Es klingelte an der Tür. Als ich öffnete, standen Diana und Raphael, zwei liebe Freunde aus unserem Gebetskreis, unangemeldet vor mir. „Wir kommen gerade von der Arbeit und wollen wieder für dich beten“, sagten sie. Dankbar nahm ich ihr Angebot an und bat sie herein. Sie schlugen vor, dass ich mich auf einen Stuhl setzen solle. Wie zwei Engel stellten sie sich hinter mich und jeder legte eine Hand auf meine Schulter. Die andere Hand streckten sie zum Himmel. Während sie beteten und ihre Lieder sangen, saugte ich die Liebe Gottes, die dabei in mich strömte, wie ein Schwamm auf.

Bevor Diana und Raphael gingen, sagten sie: „Du bist ein hartnäckiger Fall. Jetzt beten wir schon monatelang und du bist immer noch nicht gesund. Aber gib nicht auf. Gott kann alles heilen. Du kannst die Heilung unterstützen, indem du für deine Haut und deine Hände dankst. Im Danken liegt ein großer Segen.“

Etwas empört sagte ich: „Für diese mit Wunden und Eiterblasen übersäten Hände soll ich auch noch danken? Wo mir doch jede kleinste Bewegung meiner Finger so weh tut.“ Aber was hatte ich schon zu verlieren. Also dankte ich für meine Haut und meine Hände, wenn anfangs auch sehr widerwillig. Ich dankte dafür, dass ich an beiden Händen fünf Finger hatte, dass an jedem Finger ein Fingernagel saß, auch wenn meine Nägel damals alles andere als schön aussahen. Ich dankte dafür, dass ich meine Hände hochheben und sie Gott entgegenstrecken konnte.

In dieser Zeit gab mir mein Mann Michael den wertvollen Tipp: „Liebe deine Hände. Liebe heilt.“ Das war es! Bisher hatte ich meine kranken, juckenden, schmerzenden Hände abgelehnt. Am liebsten hätte ich sie abgestoßen und mir neue zugelegt. Sie zu lieben, war etwas ganz Neues für mich. Anfangs fiel mir das sehr schwer. Aber ich wollte es versuchen. Also schaute ich sie an und dachte mir: „Ich liebe euch!“ Und zu Gott sagte ich: „Danke, dass du mir so wunderbare Hände geschenkt hast!“ Oh, das fiel mir so schwer. Oft geriet ich wieder in das alte Fahrwasser hinein und dachte verzweifelt: „Warum habe ich, wo ich doch noch so jung bin, so kranke Hände und so viele Wunden, während die anderen Menschen mit gesunder Haut und gesunden Händen herumlaufen und es für ganz selbstverständlich halten?“

Aber ich blieb Gott sei Dank nicht in diesem Denken stecken. Denn ich stellte fest, wie gut mir das Danken tat. Es erleichterte. Es befreite. Es fühlte sich an, als ob sich die Seele zu Gott erhebt. Wenn ich erst einmal mit dem Danken angefangen hatte, fielen mir unzählige Sachen ein, für die ich dankbar war: zum Beispiel für meine Ohren, mit denen ich den Gesang der Vögel hören durfte, für meine Augen, mit denen ich die Schönheit der Natur sehen durfte, für meinen lieben Mann, der trotz dieser langen Krankheit treu zu mir stand, für jedes gute Essen, das friedliche Land, in dem wir leben, ... Plötzlich betrachtete ich nichts mehr als selbstverständlich, sondern alles war ein Geschenk.

Der schmerzhafte Klecks in meinem Lebensbild

Weil ich gerne male, besuchte ich in dieser Zeit einen Malkurs in der Volkshochschule. Vor Schmerzen konnte ich den Pinsel kaum halten, aber ich malte mit Freude. Meine Hände waren dick eingesalbt und in Handschuhen verpackt. Ich war dankbar, dass ich überhaupt noch etwas tun konnte. Während mir eine andere Teilnehmerin dabei zusah, meinte sie zu mir: „Wenn ich so krank wäre wie Sie, würde ich nicht mehr leben wollen. Dann wäre ich lieber tot.“ Etwas entsetzt antwortete ich ihr: „Ich bin dankbar, dass ich immerhin noch malen kann.“

In diesem Kurs malte ich ein Aquarellbild auf Seide. Es gefiel mir gut, doch kurz bevor es fertig war, patzte ich versehentlich kräftig hinein. Erschrocken dachte ich, dass jetzt das ganze Bild kaputt sei. Nach einer kurzen kreativen Pause nahm ich mir die Stelle noch einmal vor und verschönerte sie mit mehreren Pinselstrichen. So brachte ich in mein Bild ein ganz neues Element, das ich selbst nie hineingemalt hätte. Weil mir dieses Element so gut gefiel, malte ich es an einer anderen Stelle leicht verändert noch einmal in mein Bild. Genau diese beiden Stellen wurden zum Blickfang und machten das Bild schöner und interessanter.

Genauso verhält es sich mit meiner jahrelangen Hautkrankheit. Sie war der schmerzhafte Klecks in meinem Lebensbild. Zunächst dachte ich, dass jetzt mein ganzes Leben kaputt sei. Aber ohne diesen Klecks hätte ich nicht die zusätzlichen Pinselstriche gemacht, die mein Lebensbild heute so schön, interessant und glücklich machen. Denn die Krankheit bewirkte, dass ich mich ganz intensiv auf Gott und seine Heilkraft einließ. In dieser Zeit wurde mein Blick stark auf Gott gelenkt und ich entdeckte Jesus Christus als meinen ständigen liebevollen Begleiter und Führer in meinem Leben.

Wie Gott mir ein neues Leben schenkte

Diese enge Beziehung zu Gott und Jesus Christus war alles, was ich zu meiner Heilung und zu einem glücklichen Leben benötigte. Richtig bewusst wurde mir das erst, als Sophia, eine liebe Freundin aus meinem Gebetskreis, wieder einmal mit Handauflegung für mich betete.

Sie hielt plötzlich inne und sagte zu mir: „Ich habe den Eindruck, du sollst Jesus Christus die Tür zu deinem Herzen öffnen und ihn in dein Leben lassen, dann wirst du geheilt.“ Verwundert wollte ich von Sophia wissen: „Ist die Tür nicht schon offen?“ Leise antwortete sie mir: „Bisher nur einen Spalt.“ Etwas ratlos fragte ich Sophia: „Wie soll ich die Tür öffnen?“ Bevor Sophia mit ihrem Gebet fortfuhr, riet sie mir: „Du kannst Christus anrufen, dass er dir dabei hilft.“

Als ich nun die Augen zumachte, sah ich eine große schwere Tür, die fast ganz verschlossen war. Alleine brachte ich sie nicht auf. Dann rief ich in Gedanken Jesus Christus an, er solle für mich die Tür ganz öffnen. Vor meinem inneren Auge öffnete sich im selben Moment die große Tür von alleine, und dahinter erblickte ich ein hell strahlendes Licht. Es hatte eine sehr wohltuende Wirkung auf mich.

Auch die Gebete wirkten sich gut auf mich und meine Haut aus. Immer wenn für mich gebetet wurde oder ich selbst intensiv betete, stellte sich eine deutliche Linderung der Symptome ein. Aber genauso wie ich zwischen Vertrauen und Verzweiflung hin- und herschwankte, ging es auch mit dem Zustand meiner Haut auf und ab.

Eines Tages hatte die Krankheit wieder einmal einen Höhepunkt erreicht. Ich nahm mir meinen gesamten Urlaub, weil ich nicht mehr arbeitsfähig war und meine Verlängerung des Arbeitsvertrages nicht durch Krankheitstage gefährden wollte. In diese Zeit fiel mein 29. Geburtstag. Mein lieber Mann Michael schrieb mir damals einen wunderschönen Spruch in meine Geburtstagskarte, der mich mit großer Hoffnung erfüllte:

Herr, du bist mein Gott,
dich preise ich;
ich lobe deinen Namen.
Denn du hast Wunder getan.
Jesaja 25,1

Michael wünschte mir damals, dass diese Worte für mich bald Wirklichkeit würden. Immer wieder las ich die Karte und betete diese Bibelstelle mit aller Kraft. Ich dankte Gott einfach schon mal im Voraus. Freudig und dankbar erwartete ich das Wunder meiner Heilung.

Und das Wunder geschah: Als mein Urlaub nach vier Wochen zu Ende ging, war die Heilung meiner Hände so weit fortgeschritten, dass ich wieder arbeiten konnte. In den folgenden Monaten verschwanden nach und nach alle verbliebenen Rötungen,

Schwellungen und Blasen. Die ehemaligen Wunden waren nun mit einer dünnen Haut überzogen, die bald immer dicker wurde. Endlich hatte ich nach vielen Jahren wieder gesunde Hände. Auch die anderen kranken Hautstellen und Wunden an Armen, Beinen, Brust, Bauch, Rücken und Gesicht waren geheilt. Für mich begann ein neues Leben, für das ich Gott unbeschreiblich dankbar bin.

Für Gott im Rampenlicht

Etwa ein Jahr später bat mich einer meiner Freunde, der Pfarrer ist, bei einem Gottesdienst von meiner Heilung ein Zeugnis zu geben. Er meinte, die Heilung meiner jahrelangen Wunden und Eiterblasen, die ich an den Händen und vielen anderen Körperstellen hatte, könne anderen Menschen Vertrauen in die Kraft des Gebets geben.

Natürlich erklärte ich mich dazu bereit. Beruflich war ich es gewohnt, vor vielen Menschen zu reden. Und ich sagte mir: „Herr du stehst zu mir, du hast mich geheilt. Jetzt will ich zu dir stehen und davon berichten!“ Jedoch hatte ich auch Angst davor, in der Öffentlichkeit über meine ehemalige Krankheit zu reden; denn nur drei Monate zuvor hatte ich endlich nach langer Suche eine gut bezahlte Stelle bei einer großen Einrichtung bekommen. Das Geld, das ich verdiente, brauchte ich jetzt dringend, um die Ausbildung meines Mannes und unseren Lebensunterhalt zu finanzieren. Obwohl ich in einer großen Stadt arbeitete, befand sich die Kirche, in der ich berichten sollte, nur wenige Häuser von meinem neuen Arbeitgeber entfernt. Da ich dort die Öffentlichkeitsarbeit leitete und eine sehr zentrale Stelle im Haus innehatte, wollte ich auf keinen Fall zum Gesprächsthema bei meinem neuen Arbeitgeber werden. Zudem war meine Stelle nur auf ein Jahr befristet, und ich brauchte die Verlängerung um ein weiteres Jahr, da sich die Ausbildung meines Mannes über mehrere Jahre erstreckte.

Also betete ich einige Tage vor meinem Zeugnis: „Herr, ich stehe zu dir, stehe du auch jetzt zu mir und lasse keinen meiner Kollegen und Vorgesetzten von meiner ehemaligen Krankheit erfahren.“ Und so kam es: Obwohl die Kirche gut gefüllt war, als ich von meiner jahrelangen Krankheitsgeschichte und meiner Heilung berichtete, erfuhr keiner meiner Kollegen und Vorgesetzten etwas davon; auch nicht später, als ein Ausschnitt meines Heilungsberichtes im Rundfunk im Originalton gesendet wurde! Denn ohne mein Wissen war ein Radiojournalist in der Kirche und nahm meinen gesamten Bericht auf. Nach dem Gottesdienst kam er auf mich zu und bat mich um Erlaubnis, meinen Bericht etwas gekürzt im Radio zu senden. Ich stimmte zu, bat ihn jedoch, aus beruflichen Gründen meinen Namen nicht zu nennen.

Viele der Gottesdienstbesucher kamen nach dem Gottesdienst auf mich zu und dankten mir zum Teil mit Tränen in den Augen für meinen Bericht. Auch Gott machte mir ein wunderschönes Geschenk: Als ich während des Gottesdienstes vor dem Altar stand und etwa zehn Minuten lang aus meinem Leben erzählte, war es ganz still in der Kirche. Am Ende meines Zeugnisses streckte ich meine Hände zum Himmel, damit alle meine geheilte Haut sehen konnten, und dankte Gott laut mit einem Gebet. Jetzt brachen die Zuhörer in freudigen Jubel aus. Als ich in diesem Moment in die Menschenmenge blickte, hörte ich in mir etwas, was ich zuvor noch nie in meinem Leben gehört hatte: Wie wenn jemand einen Schalter umgelegt hätte, vernahm ich von einem auf den anderen Moment in meinem Inneren wunderschöne Engelsgesänge. Sie waren kraftvoll und von himmlischer Schönheit. Mit ihren Lobliedern priesen die Engel Gott mit überschwänglicher Freude. Es war nicht mit menschlichen Chören zu vergleichen.

Ein Monat später berichtete ich sogar im Dom der großen Stadt, in der ich damals arbeitete, während eines Festgottesdienstes von meiner Heilung. Der Dom war überfüllt; nicht nur alle Sitzplätze waren belegt, sondern auch in den Seiten- und Mittelgängen drängten sich die Menschen. Als ich am Mikrophon stand und in ein Meer von vielen Menschen blickte, bebte mein Herz. Aufgeregt und dankbar, für Gott reden zu dürfen, erzählte ich wieder meine Geschichte. Auch wenn es nicht ganz leicht war, von meinem „wunden Punkt“, meinen vielen jahrelangen Wunden, ganz privat vor Hunderten von Menschen zu berichten. Aber es lohnte sich: Noch Wochen später sprachen mich in der großen Fußgängerzone der Stadt Menschen an, sie hätten meinen Heilungsbericht im Dom gehört und er habe sie aufgebaut. Sie erkannten mich wieder und dankten mir für meinen Mut.

Gottes Schutz ist perfekt

Dagegen war bei beiden Gottesdiensten keiner meiner Kollegen und Vorgesetzten erschienen. Sie erfuhren davon nichts, so dass ich bei meiner neuen Arbeitsstelle Gott sei Dank nicht zum Gesprächsthema wurde und nicht um meine Stelle fürchten musste. Gott schützte mich perfekt davor. Ein Jahr später bekam ich nicht nur eine Verlängerung meines befristeten Arbeitsvertrages, sondern sogar eine unbefristete Stelle, die in dieser Einrichtung zusätzlich für mich geschaffen wurde.

Es kam mir vor, als ob Gott meinen Mut, öffentlich für ihn zu sprechen, belohnt habe. So hat sich damals in meinem Leben ein Bibelspruch erfüllt, den mir mein Mann Michael kurze Zeit zuvor in meine Geburtstagskarte geschrieben hatte:

> Gott spricht:
> *Ich lasse dich nicht fallen*
> *und verlasse dich nicht.*
> *Sei mutig und stark!*
> Josua 1,5.6

Heute nehme ich all meinen Mut zusammen und schreibe dieses Buch, damit die ganze Welt meine Heilungsgeschichte erfahren kann. Für mich und für alle, die meine Krankheitsgeschichte „hautnah“ miterlebten, ist diese Heilung ein großes Wunder. Mit vollständig geheilter Haut darf ich heute mein Leben Gott sei Dank ohne tobenden Juckreiz und ohne Schmerzen genießen.

Keine einzige Narbe ist geblieben. Während ich diese Zeilen mit meinen gesunden Händen in den Computer tippe, bin ich Gott unbeschreiblich dankbar. Beim Anblick meiner gesunden Haut kullert mir vor Freude auch heute noch manchmal eine Freudenträne die Wange hinunter.

Das neue Element in meinem Lebensbild

Sehr dankbar bin ich Gott auch für alle Erfahrungen, die ich in den schweren Jahren der Krankheit machen durfte. Ohne sie wäre ich nicht das, was ich heute bin; genauso wie mein Aquarellbild ohne den Klecks nicht das geworden wäre, was es heute ist. Es würden ihm die interessanten Elemente fehlen, die das Bild wesentlich schöner machen.

Ohne meine jahrelange Krankheit – den Klecks in meinem Lebensbild – hätte ich nicht diese enge Beziehung zu Jesus Christus aufgebaut und gelernt, mein Leben Gott völlig anzuvertrauen. Ohne die Jahre der Krankheit hätte ich nicht das Danken gelernt für das, was ich habe, und für etwas, was ich noch nicht habe. Auf die Idee, für ein Wunder zu danken, bevor es eingetreten ist, wäre ich ohne meine damalige Not nicht so schnell gekommen. Und es hat sich gelohnt. Tausendfach!

Genauso wie ich in mein Aquarellbild das neue interessante Element noch einmal leicht verändert hineingemalt habe, danke ich Gott jetzt im Voraus auch für seine Wunder in anderen Lebensbereichen. Dieses neue Element – das Danken im Voraus für ein Wunder, für die Lösung eines Problems, für die Erfüllung eines Wunsches – hat mein Leben wesentlich schöner, interessanter und glücklicher gemacht. Seitdem ich Gott für seine Hilfe im Voraus danke, darf ich ein Wunder nach dem anderen erleben: in großen und kleinen Angelegenheiten. Im Kapitel „Wahre Glücks-Erlebnisse" möchte ich dich einige dieser Wunder miterleben lassen und dich zum Nachahmen anregen. Erfülle dir mit der großartigen Hilfe Gottes deine kleinen und großen Wünsche! Ich wünsche dir von Herzen ein von Glück erfülltes Leben!

Das Danken im Voraus – ein himmlisches Kraftpaket

Warum ist das „Danken im Voraus“ so wirkungsvoll? Reicht es nicht, sich bittend an Gott zu wenden? Wie rufen wir Gott am besten an? Diese Fragen habe ich mir immer wieder gestellt. In der Bibel finden wir zahlreiche Hinweise auf das Bitten.

Bittet, dann wird euch gegeben; …
Denn wer bittet, der empfängt …
Lukas 11, 9.10

Das Bitten ist eine gute Möglichkeit, deine Wünsche vor Gott zu bringen. Auch ich durfte auf diese Weise schon viele Gebetserhörungen erleben. Gott um etwas zu bitten, ist auf jeden Fall besser, als sich zu sorgen. Bereits 1653 beschrieb Paul Gerhardt dies in seinem Lied „Befiehl du deine Wege“ sehr treffend:

Mit Sorgen und mit Grämen
und mit selbsteigner Pein
lässt Gott sich gar nichts nehmen,
es muss erbeten sein.

Warum greift Gott nicht in unser Leben ein, wenn wir uns sorgen und grämen? Liebt er uns nicht? Doch, Gott liebt jeden von uns auf ganz unbeschreibliche Weise. Er möchte uns zu jeder Zeit helfen und reich beschenken. Aber er drängt sich uns nicht auf. Gott lässt jedem Menschen seinen freien Willen. Wir Menschen müssen also zuerst aktiv werden und Gottes Geschenke an uns von ihm einfordern. Aber wie gelingt uns das am besten?

Bitten oder „Danken im Voraus"?

Wenn wir Gott um etwas bitten, sagen wir ihm, dass wir einen Mangel haben. Mit unserer Bitte drücken wir den Wunsch aus, dass Gott diesen Mangel beseitigen soll. Unser Blick ist dabei auf den Mangel gerichtet.

Damit unser Bittgebet erhört wird, ist es wichtig, dass wir voll auf Gottes Hilfe vertrauen.

Jesus Christus spricht:
Wenn ihr nur Vertrauen habt,
werdet ihr alles bekommen,
worum ihr Gott bittet.
Matthäus 21,22

Dies ist eine wunderbare Zusage, die uns Jesus Christus hier macht. Wenn wir das nötige Vertrauen aufbringen, lassen sich mit Bittgebeten wahre Wunder erleben. Aber schaffen wir es immer, das nötige Vertrauen zu Gottes Hilfe zu entwickeln? Gerade in großer Not und Sorge kann dies schwerfallen, wenn wir als flehende Bittsteller verzweifelt unsere Bitten vor Gott bringen. Denn die Konzentration auf unsere Not oder unseren Mangel kann vorhandene Sorgen und Ängste noch verstärken: Ängstlich fragen wir uns vielleicht: „Was passiert, wenn Gott mein Gebet nicht erhört?" Anstelle des nötigen Vertrauens zu Gott verhindert dann ein beklemmendes Gefühl in uns, dass Gott für uns wirken kann.

Gott sei Dank bietet uns Gott noch eine andere Methode an, ihn anzurufen: Das Danken im Voraus: Sie schenkt uns bereits beim Beten ein befreiendes Gefühl und erleichtert uns das völlige Vertrauen zu Gott. Fragst du dich jetzt, warum das so ist?

Die Antwort ist ganz einfach: Wenn du als freudig Dankender vor Gott trittst und ihn für seine Wunder im Voraus lobst, dann richtest du deine Konzentration auf das erhörte Gebet, auf das bereits erlebte Wunder. Beim intensiven Danken entsteht in dir bereits jetzt eine große Vorfreude. Es fühlt sich so an, als ob dein Wunsch schon erfüllt wäre. Du wirst feststellen, dass sich dabei ein erleichterndes, erhebendes Gefühl in dir einstellt. Diese Gefühle helfen dir, fest an ein Wunder Gottes zu glauben. So fällt es dir leichter, Gott völlig zu vertrauen.

Auch die Bibel macht uns Mut, dankend zu beten:

Macht euch keine Sorgen,
sondern wendet euch in jeder Lage an Gott
und bringt eure Bitten vor ihn.
Tut es mit Dank für das Gute,
das er euch schon erwiesen hat.
Philipper 4,6

Für jeden von uns ist das Danken im Voraus eigentlich gar nichts Neues. Wir praktizieren es bei alltäglichen Dingen wie dem Schreiben eines förmlichen Briefes, in dem wir den Empfänger um etwas bitten. Um unseren Wunsch zu bekräftigen, bedanken wir uns am Ende des Briefes mit den Worten „Vielen Dank im Voraus". Damit wollen wir erreichen, dass der Empfänger sich für unser Anliegen einsetzt.

Genauso können wir unsere Bitten auch vor Gott mit mehr Nachdruck bringen, wenn wir ihm im Voraus für seine Hilfe danken.

Vertrauensvolles Danken ist besser als zweifelndes Bitten

Als ich vor Jahren begann, dankend zu beten, machte ich eine interessante Erfahrung: Es war Sommer. Die Natur und unser Garten brauchten dringend Wasser, da es lange Zeit kaum mehr geregnet hatte. Deshalb dankten mein Mann und ich eines Abends im Voraus für einen starken, prasselnden Regen. Kurz darauf dachten wir nicht mehr daran; denn wir hörten uns eine CD von Anselm Grün an. Seine beruhigende Stimme und die wundervollen Botschaften seiner Texte ließen uns alle Sorgen vergessen.

Plötzlich hörten wir draußen ein lautes Prasseln. „Hurra, es regnet endlich wieder!", rief ich aus. Doch sobald ich ängstlich dachte: „Hoffentlich hört es nicht gleich wieder auf, bitte lass es weiter regnen, lieber Gott!", hörte das Prasseln auf. Wenn ich dagegen freudig dachte: „Danke, lieber Gott, dass es stark weiter regnet!", prasselte es wieder.

Dieses Gedankenspiel probierte ich an diesem Abend noch ein paar Mal aus. Gott antwortete mir jedes Mal in der gleichen Weise: mit Regenpausen oder Prasselregen. Er zeigte mir damit sehr deutlich, dass freudiges, vertrauensvolles Danken besser ist als ängstliches zweifelndes Bitten.

Bevor ich an diesem Abend einschlief, dankte ich noch einmal voller Vertrauen für den reichlichen Regen. Am nächsten Morgen sahen wir im Regenmesser, dass es in der Nacht viel geregnet hatte.

GeDanken sind zum Danken da!

Mehr als auf alles andere achte auf deine Gedanken,
denn sie bestimmen dein Leben.

Sprichwörter 4,23

Mit deinen Gedanken hat Gott dir ein mächtiges Werkzeug geschenkt, mit dem du dein Leben maßgeblich beeinflusst. Worauf du deine Konzentration und dein Bewusstsein lenkst, damit bist du verbunden und bringst es dadurch in deinem Leben zum Vorschein. Nutze dieses wirkungsvolle Instrument für dein Glück! Sorge dich nicht, sondern lenke deine Gedanken auf das, was du dir wünschst und danke dafür voller Freude!

Freut euch immerzu!
Lasst nicht nach im Beten.
Dankt Gott in jeder Lebenslage.
Das will Gott von denen,
die mit Jesus Christus verbunden sind.
1. Thessalonicher 5,16-18

Schicke Gott ein wahres Kraftpaket

Stelle dir vor, du willst Gott etwas Wichtiges schicken: einen Wunsch, den er am besten schnell erfüllen soll. Gott bietet dir für dein Wunschpaket mehrere Verpackungen an, zum Beispiel das Bittgebet oder das Dankgebet.

Wenn du deinen Wunsch in einem Dankgebet verpackst, schickst du automatisch eine große Portion Vorfreude und Vertrauen mit in den Himmel. Diese beiden Begleiter haben zwei große Vorteile: Sie beschleunigen den Flug deiner Sendung, und sorgen dafür, dass deine Post Gott sicher erreicht – ähnlich wie die Paketaufkleber „extra schnell" und „extra sicher".

Gott freut sich sehr über eine solch energievolle Post, über das Vertrauen, das du ihm entgegenbringst. Gleich packt er dein Kraftpaket aus und macht sich sofort an die Arbeit. Er wird alles tun, um deinen Wunsch zu deinem Besten zu erfüllen.

Wie bei jeder anderen Postsendung ist es wichtig, dass du dein Wunschpaket abschickst, damit es ankommen kann. Mit anderen Worten: Du musst deinen Wunsch loslassen und an den Himmel abgeben, damit Gott für dich wirken kann; genauso wie du jedes andere Paket beim Paketservice abgibst und es nicht ständig festhältst, sonst könnte es den Empfänger nie erreichen. Würdest du deinen Wunsch ständig verkrampft festhalten und nicht loslassen, könnte dein Wunschpaket Gott nicht erreichen, und die himmlischen Mächte könnten nichts für dich tun.

Das heißt also: Nachdem du dein Dankgebet, gepaart mit Vorfreude und vollem Vertrauen, formuliert hast, denke erst einmal nicht mehr daran. Falls es dir schwerfällt, deine Wünsche,

Ängste und Sorgen loszulassen, dann danke einfach dafür im Voraus, dass du diese bereits losgelassen hast. Immer wenn sie dir wieder in den Sinn kommen, gib dein Wunschpaket erneut dankend an Gott ab.

Nach deinem Gebet kannst du dich wirklich ganz beruhigt ausruhen, denn Gott und seine himmlischen Helfer bearbeiten nun für dich die Angelegenheit. Falls du selbst etwas dazu tun musst, damit dein Wunsch in Erfüllung geht, wird Gott dir das zeigen und dich zu den richtigen Schritten veranlassen.

Bei manchen Wünschen reicht bereits ein Gebet, bei vielen anderen Anliegen musst du dich öfters und hartnäckiger an Gott wenden.

Lasst nicht nach im Beten
und werdet nicht müde, Gott zu danken!
Kolosser 4,2

Wenn dir ein Wunsch besonders am Herzen liegt oder sehr dringend ist, dann schicke dein Wunschpaket am besten mehrmals täglich in den Himmel ab. Dazwischen lasse jedoch deinen Wunsch immer wieder los, damit er Gott auch erreichen kann.

Wie Gedanken sich in Wunder verwandeln

Dein Dank, deine Freude und dein Vertrauen setzen große göttliche Kräfte frei. Dadurch können sich deine Wünsche, die du so vor Gott bringst, schneller in deinem Leben verwirklichen. Durch das Danken richtest du viel positive Energie auf das, was du dir wünschst. So beschleunigst du, dass es in deinem Leben Gestalt annimmt. Probiere es aus und du wirst wahre Wunder erleben!

Die Tür zu Gottes Wunderwelt

Dein Vertrauen zu Gott ist der Schlüssel, mit dem du die Tür zu Gottes Wunderwelt öffnen kannst. Schon viele Menschen haben sich damit Zutritt zum Reich Gottes verschafft und durften seine Wunder selbst erleben. Von solch einem Wunder erzählt uns die Bibel:

Das Boot mit den Jüngern war ... weit draußen auf dem See. Der Wind trieb ihnen die Wellen entgegen und machte ihnen schwer zu schaffen. Gegen Morgen kam Jesus auf dem Wasser zu ihnen. Als sie ihn auf dem Wasser gehen sahen, erschraken sie. Sie meinten, es sei ein Gespenst, und schrien vor Angst. Sofort sprach Jesus sie an: „Erschreckt nicht! Ich bin's, habt keine Angst!"

Da sagte Petrus: „Herr, wenn du es wirklich bist, dann befiehl mir, auf dem Wasser zu dir zu kommen!" „Komm!", sagte Jesus. Petrus verließ das Boot und ging auf dem Wasser auf Jesus zu. Als er aber die hohen Wellen sah, bekam er Angst. Er begann zu sinken und schrie: „Hilf mir, Herr!"

Jesus streckte sofort seine Hand aus, fasste Petrus und sagte: „Du hast zu wenig Vertrauen! Warum bist du so halbherzig?" Dann stiegen beide ins Boot, und der Sturm legte sich. Da warfen sich die Jünger im Boot vor Jesus nieder und riefen: „Du bist wirklich der Sohn Gottes."

Matthäus 14,24-33

Mit Gott kommst du nach oben

Wie wäre es dir dabei gegangen? Wie groß ist dein Vertrauen zu Gott? Ist es so groß, dass es dich in den Wellen deines Lebens über Wasser hält? Falls die Wellen höher werden und du zu sinken drohst, nimmst du dann Gottes Hilfe an? Rufst du nach Jesus, dass er deine Hand ergreift und dich wieder nach oben holt? Diese Geschichte hat einen wunderschönen Symbolgehalt; aber sie sagt uns noch viel mehr.

Immer wieder treffe ich Menschen, die an der Macht Gottes zweifeln. Sie meinen, dass Bibelgeschichten wie diese nur symbolisch zu sehen sind. Damit schmälern sie jedoch die Macht Gottes, mit der er in und durch uns Menschen wirken kann.

Wenn du mich fragst: Ich bin davon überzeugt, dass wir Bibelgeschichten wie diese wörtlich nehmen dürfen! Wenn wir Gott vertrauen, kann er uns mit seiner ganzen Kraft erfüllen. Ist unser Glaube stark, sind uns mit Gottes Hilfe alle Dinge möglich.

Jesus Christus selbst gibt uns diese wunderbare Zusage:
Wer Gott vertraut,
dem ist alles möglich.
Markus 9,23

Solange Petrus voller Vertrauen war, trug ihn das Wasser. Doch sobald er sich seiner äußeren Situation, der Gefahr durch die hohen Wellen, bewusst wurde, überkam ihn die Angst. Sie vertrieb sein Vertrauen und verursachte das, wovor er sich fürchtete: Er begann zu sinken.

Tatsächlich ziehen wir das in unser Leben, wovor wir Angst haben und worauf wir unsere sorgenvollen Gedanken richten. Deshalb ist es für unser Glück so wichtig, dass wir alle Sorgen und Ängste vertrauensvoll an Gott abgeben. Jeder, der sich so an Gott wendet, wird von ihm mit einem glücklichen Leben belohnt. Dies zeigt auch die Lebensgeschichte von Simone, die auf den folgenden Seiten von ihren heilenden und aufbauenden Erfahrungen mit Gott berichtet:

SAls ich selbst in tausend Nöten steckte und fast im Meer meiner Ängste ertrunken wäre, rief ich nach Jesus Christus. So wie er damals Petrus die Hand reichte, holte Jesus auch mich an die Wasseroberfläche und brachte mich ins sichere Boot des Glaubens. Nur mit einem Unterschied: Mich musste er nicht nur aus den Wellen fischen; ich war bereits bis auf den Meeresgrund abgesunken und lag dort fast leblos, ohne Lebenswillen. Die Stürme meines Lebens hatten mir zu sehr zugesetzt. In manchen Augenblicken wollte ich einfach nicht mehr weiterleben.

Während ich mich schon längst aufgegeben hatte, hielt Jesus meine Hand ganz fest. Er wusste, welch wunderbaren Plan Gott für mein Leben vorbereitet hatte, und führte mich aus der dunklen Tiefe ins helle Licht. Immer wenn ich wieder abzusinken drohte, war er da. Er sprach zu mir: „Sag dir meinen Namen vor. Er vertreibt deine Ängste!" Ich befolgte seinen Rat und wiederholte in Gedanken immer wieder die kraftvollen Worte „Jesus Christus". Dabei spürte ich jedes Mal, wie neuer Lebensmut in mich einströmte. Eines Tages, als mich wieder einmal Sorgen und Ängste überfielen, gab mir Jesus die folgenden Worte ein:

Jesus, mein Christuslicht,
du bist mein Heil, meine Rettung.

Von nun an wiederholte ich, sobald sich angstvolle Gedanken in mir breitmachen wollten, diesen kleinen Spruch. Er zeigte jedes Mal eine große Wirkung: Augenblicklich verschwand die Angst, weil ich meine Konzentration jetzt auf Jesus Christus und seine Hilfe richtete.

Jesus Christus spricht:
Kommt her zu mir, alle,
die ihr mühselig und beladen seid;
ich will euch erquicken.
Matthäus 11,28

Gottes Licht löst alles Dunkle auf

Wie konnte es überhaupt passieren, dass ich ins Meer der Ängste absank und keinen Lebenswillen mehr hatte? Beim Blick auf meine Lebensgeschichte wurde mir vieles klarer:

Als „ungewolltes Versehen" wurde ich geboren. Weil meine Mutter arbeiten musste, kam ich bald tagsüber in verschiedene Pflegefamilien. Noch in meiner frühen Kindheit ließen sich meine Eltern ohne mein Wissen scheiden. Nahe Verwandte nahmen mich damals auf. Weil ich dachte, dass ich nur zu Besuch dort sei, fragte ich nach einigen Tagen, wann ich wieder nach Hause dürfe. Dabei erfuhr ich, dass es mein Zuhause nicht mehr gab. In den folgenden Monaten unterbanden die Verwandten den Kontakt zu meiner Mutter. Mir sagten sie, dass meine Mutter mich nicht mehr lieben würde. Nach vielen Monaten schaffte sie es Gott sei Dank mit Hilfe des Jugendamtes, mich wieder zu sehen. Doch bis dahin war meine kindliche Welt völlig zusammengebrochen. Monatelang weinte ich und suchte die Schuld bei mir. Ich war völlig verzweifelt und entwurzelt.

Einige Jahre später heiratete mein Vater wieder und holte mich zu sich. Die restliche Zeit meiner Kindheit und Jugend verbrachte ich dort. Es wurden schwere Jahre für mich. Bei allen guten Seiten, die mein Vater und meine Stiefmutter hatten, erwartete mich dort sehr viel Hausarbeit. Tagelang redeten beide nichts mit mir, ohne dass ich wusste, warum. Jahrelang demütigte mich die väterliche Familie wegen meines Aussehens und meiner Intelligenz.

Gegen Ende meiner Kindheit wurde ich von dem nahem Verwandten sexuell missbraucht, der nach der Scheidung für mich zum Vaterersatz wurde. Aus Scham schwieg ich jahrelang darüber. Erst im Erwachsenenalter erzählte ich einem verwandten Ehepaar diesen Vorfall ohne Details, weil ich ihre Tochter vor diesem Verwandten bewahren wollte. Daraufhin stellte sich die gesamte Familie väterlicherseits gegen mich. Sie bezeichneten mich als Lügnerin. Von dem betreffenden Verwandten und seiner Frau erhielt ich nun Briefe, in denen sie mir drohten, wegen angeblicher übler Nachrede gerichtlich gegen mich vorzugehen. Dies sind nur die markantesten Eckpunkte meiner Familiengeschichte; diese und viele weitere Erlebnisse erschütterten mein Vertrauen ins Leben und raubten mir jegliche Lebensfreude. Oft fragte ich mich, ob ich mit einer solchen Vorgeschichte jemals ein glücklicher Mensch werden könne. Doch Gott holte mich aus allen Lebenstälern liebevoll heraus. Er hob mich empor in den Himmel seiner Liebe und verwandelte alles Leid in einen großen Gewinn für mein Leben.

Jeder Mensch ist ein Wunschkind Gottes

Meine Eltern waren noch sehr jung, als ich unerwünscht in ihr Leben trat. Lange Zeit litt ich sehr darunter, ein „ungewolltes Versehen" zu sein; bis ich eines Tages erfahren durfte, dass es bei Gott keine Versehen, sondern nur geliebte Wunschkinder gibt.

Weil meine Eltern nur wegen meiner Ankunft heirateten, fühlte ich mich jahrelang schuldig an ihrer unglücklichen Ehe und deren Folgen. Als ich im Erwachsenenalter diese Schuldgefühle dankbar an Gott abgab, befreite er mich davon. Immer wieder betete ich die erlösenden Worte:

Danke, Herr, dass du mich
von allen Schuldgefühlen befreit hast.
Danke, dass ich es wert bin, geliebt zu werden.

Gott lässt uns nie im Stich

Auch wenn nach der Trennung meiner Eltern für mich Mutter und Vater erst einmal verschwunden waren, blieb Gott an meiner Seite. Als ich im Erwachsenenalter bei einem Glaubensseminar der Kirche aus vielen Karten eine ziehen durfte, las ich darauf die Worte:

Wenn mich auch Vater und Mutter verlassen,
der Herr nimmt mich auf.
Psalm 27,10

Diese Wahrheit durfte ich bereits im Alter von sechs Jahren erleben, als mir ein Verwandter in seiner Wohnung eine Pistole an die Schläfe hielt. Mit den Worten „Die ist geladen! Wenn du nicht trinkst, erschieße ich dich!", wollte er mich zwingen, ein großes Glas gefüllt mit hochprozentigem Alkohol auf einmal auszutrinken. In meiner Not rief ich zu Gott und hörte sofort eine Stimme in mir ganz deutlich sagen: „Das ist nicht gut für dich. Lauf!" Ohne mich einschüchtern zu lassen, folgte ich meiner inneren Stimme und rannte um mein Leben. Zuerst den langen Flur zur Wohnungstür entlang, dann durch das Treppenhaus hinaus, an den Fenstern seiner Wohnung vorbei und den langen Weg zur Gartentüre hinaus auf die Straße.

Gott sei Dank hat mein Verwandter damals nicht geschossen, doch der Schreck saß mir noch lange in den Knochen. Völlig außer Atem erzählte ich gleich der Verwandten, bei der ich damals lebte, mein Erlebnis. Doch sie meinte nur: „Der spinnt mal wieder! Rede mit niemandem darüber!" Sie stellte ihn nicht zur Rede. So fühlte ich mich nicht vor ihm beschützt. Weil mein Schulweg am Grundstück dieses Verwandten vorbeiführte, rannte ich jeden Morgen so schnell ich konnte daran vorbei, denn ich hatte Angst, er könnte vom Fenster aus auf mich schießen.

Heute lobe ich Gott dafür, dass er damals mein Leben bewahrt hat. Ich bin ihm so dankbar, dass er mir ganz deutlich sagte, was ich tun sollte, und mir den Mut dazu gab, es auch zu tun. Da mich Gott aus einer solch lebensbedrohlichen Situation sicher herausgeführt hat, vertraue ich ihm, dass er mich auch heute beschützt.

Liebe macht stark und schön

Mein Lieblingsmärchen ist das Aschenputtel; wahrscheinlich deshalb, weil ich mir oft genauso vorkam. Während meine Stiefmutter mit meinem Vater oft ausging, arbeitete ich viele Stunden im Haushalt. Dafür bekam ich kein Lob, sondern wurde geschimpft, dass ich so faul sei. Dass dies nicht stimmte, bekam ich bestätigt, als ich auszog: Nun brauchten sie eine Haushaltshilfe, weil meiner Stiefmutter die Arbeit zu viel wurde.

Die negativen Einreden der väterlichen Familie wirkten sich stark auf mein Selbstbewusstsein aus. Bis ins junge Erwachsenenalter hielten sie mir vor, dass ich hässlich sei und sicher nie einen Mann finden würde. Sie rieten mir dringend zu einer Gesichtsoperation. Immer wieder bekam ich zu hören, dass ich weniger intelligent sei als andere Menschen und dreimal so viel leisten müsse, um genauso gut zu sein. Als ich später mein Studium mit Auszeichnung abschloss, bekam ich zu hören: „Jetzt musst du gewaltig aufpassen, dass du nicht schizophren wirst, denn Genialität und Wahnsinn liegen sehr nah zusammen.“ Später erfuhr ich, dass meine Familie sich stolz mit meinen Leistungen vor anderen schmückte; aber ich bekam kein Lob von ihnen.

Auch aus diesen Erlebnissen ließ Gott etwas sehr Gutes entstehen. Er lehrte mich, dass ich Lob nicht bei den Menschen suchen solle. Wichtig ist, dass ich Gott gefalle, in allem, was ich tue. Sein Lob ist viel wertvoller als alles menschliche Lob.

Gott gab mir die Kraft, die Menschen, die mich jahrelang demütigten, trotzdem aus ganzem Herzen zu lieben. Ich bin ihm so dankbar, dass ich nicht in Bitterkeit und Hass verfallen bin; denn diese würden mein eigenes Glück verhindern. Wenn ich heute an diese Menschen denke, segne ich sie. Wenn negative Erinnerungen an früher hochkommen wollen, gebe ich diese dankbar an Gott ab und ersetze sie durch angenehme Erinnerungen mit diesen Menschen. Wie jeder Mensch, haben ja auch sie gute Seiten.

Letztlich hat mich Gott reich belohnt. Er hat mich aus meinem Aschenputtel-Dasein erlöst und mir einen wunderbaren Prinzen als Mann geschenkt. Genauso wie Gott, betrachtet mein Mann mich mit den Augen der Liebe und findet mich schön. Für Gott gibt es keine hässlichen Menschen. Mit der Hilfe Gottes, der Hilfe meines Mannes und meiner Mutter durfte ich in vielen Jahren lernen, mich selbst und mein Äußeres zu lieben. Schließlich ist mein Körper genauso wie bei jedem anderen Menschen ein Geschenk Gottes; und Gott macht nur schöne Geschenke.

Ich danke dir dafür,
dass ich wunderbar gemacht bin;
wunderbar sind deine Werke;
das erkennt meine Seele.
Psalm 139,14

Aus der dunklen Tiefe der Ängste ins Licht des Vertrauens

Vertrauen zu lernen, war in meinem Leben eine der schwierigsten Aufgaben, die ich mit Gottes Hilfe zu meistern hatte. Denn nachdem ich von einem Menschen sexuell missbraucht worden war, dem ich bis dahin voll vertraut hatte, war mein Vertrauen in die Welt lange Zeit völlig zerstört.

Zunächst versuchte ich, das Erlebte zu verdrängen, aber es holte mich immer wieder ein; denn immer wieder musste ich bei diesen Verwandten übernachten. Um mich vor einem erneuten Übergriff zu schützen, schlüpfte ich abends in den Bettüberzug und knöpfte ihn bis an den Hals zu. So wachte ich alle Nächte hindurch, die ich dort danach verbringen musste. Weil mich der Verwandte damals im Schlaf überrascht hatte, entwickelte ich eine sehr große Angst vor dem Einschlafen. Später hatte ich die ersten Jahre in meiner Ehe ein extrem gestörtes Verhältnis zur Sexualität.

Von all diesen Problemen erlöste mich Gott. Dafür bin ich ihm unendlich dankbar, weil ich weiß, dass dies aus eigener

Kraft nicht möglich ist. Eine Zeit lang besuchte ich eine Selbsthilfegruppe, in der die anderen Teilnehmerinnen sich der Hilfe Gottes verschlossen. Weil sie zudem nicht bereit waren, dem Täter zu verzeihen, litten sie sehr und ihre eigenen Wunden konnten nicht heilen.

Gott konnte mir nur deshalb helfen, weil ich bereit war, meinem Verwandten ganz zu vergeben. Trotzdem schütze ich mich vor ihm und habe den Kontakt abgebrochen. Aber in meinem Herzen ist Gott sei Dank keine Verbitterung zurückgeblieben.

Während ich früher mit Gott gehadert habe, warum er dieses schlimme Ereignis zugelassen hat, darf ich es heute mit anderen Augen sehen: Ich bin Gott dankbar, dass er mich in jener Nacht noch rechtzeitig aufgeweckt und mir die Kraft gegeben hat, mich zu wehren. So konnte ich wenigstens das Schlimmste verhindern, auch wenn das Erlebte schon sehr schlimm für mich war. Auch in dieser Nacht war Gott für mich da: Als ich erwachte, war ich blitzschnell hellwach und schrie in Gedanken zu Gott. Sofort sagte er mir über meine innere Stimme, was ich zu tun hatte, damit der Verwandte von mir abließ. Ich folgte weiter betend meiner inneren Stimme, und Gott sei Dank ließ er wirklich nach einiger Zeit von mir ab. Am nächsten Morgen erkannte ich diesen Menschen nicht wieder. Er war sehr unfreundlich und abweisend zu mir. Aus Scham über das Geschehene versuchte ich mir nichts anmerken zu lassen, aber ich mied ihn und nahm mich vor ihm in Acht.

Wie erlöst war ich, als ich eines Tages endlich nicht mehr bei diesen Verwandten übernachten musste. Meine Angst vor dem Einschlafen hielt sich jedoch noch lange. Erst als ich Gott um Hilfe bat, heilte er diese Angst durch ein schönes inneres Bild. Von nun an stellte ich mir vor, dass ich im Arm von Jesus Christus einschlief und er mich die ganze Nacht beschützte.

Im Erwachsenenalter mussten die seelischen Wunden, die mir mein Verwandter damals zugefügt hatte, erst noch einmal aufbrechen, damit sie heilen konnten. Während Gott meine verletzte Seele heilte, erlöste er mich auch von den Verkrampfungen im Unterleib, mit denen ich jahrelang zu kämpfen hatte. Ich bin Gott sehr dankbar, dass er mir einen lieben Mann geschenkt hat, der mir gerade in dieser Zeit sehr viel Geduld und Verständnis entgegenbrachte. Ein Gebet, das mir damals wie heute gut tut, lautet:

Danke, lieber Gott,
dass alle meine Verletzungen geheilt und
alle meine Ängste aufgelöst sind im Licht deiner Liebe.
Danke, dass ich dir immer grenzenlos vertraue.

Wahres Gottvertrauen zeigt sich dann, wenn unser Leben anders läuft, als wir es uns vorgestellt haben und wir trotzdem darauf vertrauen, dass Gott mit uns etwas Gutes vorhat. Da mein Leben schon oft ganz anders als gedacht verlaufen ist, gab mir Gott bereits viele Chancen, ihm völlig zu vertrauen.

Verlass dich nicht auf deinen Verstand,
sondern setze dein Vertrauen ungeteilt auf den Herrn!
Denk an ihn bei allem, was du tust;
er wird dir den richtigen Weg zeigen.
Sprichwörter 3,5.6

Sogar aus der schrecklichen Missbrauchserfahrung hat Gott etwas Wunderbares entstehen lassen: Er schenkte mir dadurch unendlich viel Mitgefühl für Menschen, die ähnliche Erlebnisse hatten; und er pflanzte den großen Wunsch in mein Herz, mit meiner ganzen Kraft diesen Menschen zu helfen.

Gott führt uns sicher durch alle Stürme des Lebens

Als sich im Erwachsenenalter die gesamte väterliche Familie gegen mich stellte, machte sich eine große Angst vor diesen Menschen in mir breit. Doch auch in dieser Zeit spürte ich, wie die starke Hand Gottes mein Leben fest im Griff hatte. Als mir die

Wellen der ungerechtfertigten Vorwürfe, Anschuldigungen und Drohungen über den Kopf schlugen, durfte ich erfahren, dass Gott mich im stürmischen Meer meines Lebens nie aus den Augen verlor.

In meiner Not schrie ich zu Gott und bekam sofort Hilfe. Jesus Christus ergriff meine Hand und führte mich zusammen mit meinem Mann zu verschiedenen Beratungsstellen, die uns sehr geholfen haben. Da mich dieser Teil der Familie als Lügnerin hinstellte, war es für mich sehr wertvoll, dass mir hier endlich jemand glaubte. Auch die Frauenbeauftragte der Polizei bestätigte mir aufgrund meiner Schilderungen, dass ich glaubwürdig sei. Ich erfuhr, dass meinem Verwandten mehrere Jahre Gefängnis gedroht hätten, wenn ich ihn vor Ablauf der Verjährungsfrist angezeigt hätte.

Es tat mir gut, zu wissen, dass mir die Behörden glaubten und die Hilfseinrichtungen mit juristischer Hilfe zur Seite stehen würden, falls meine Familie ihre Drohungen wahr gemacht hätte. Alle Berater rieten uns, den Kontakt zu diesem Teil der Familie abzubrechen, um uns vor ihnen zu schützen.

Unbeschreiblich dankbar war ich gerade jetzt, dass Gott alle Menschen bis in den letzten Winkel ihres Herzens kennt und dass er über jeden Augenblick unseres Lebens genau Bescheid weiß.

Gott sieht dir ins Herz und weiß,
ob du die Wahrheit sagst.
Sprichwörter 24,25

Gott wusste, dass ich die Wahrheit sagte, und er trug mich durch diese schwere Zeit auf Händen. Zum Beispiel koordinierte Gott perfekt die Ankunft meiner Post: Immer wenn ein Brief meiner Familie im Briefkasten war, lag auch ein Brief meiner lieben Freundin daneben. Ihr hatte ich meine Situation anvertraut. Genau zum richtigen Zeitpunkt gab ihr Gott jetzt Impulse, mir die richtigen Worte zu schreiben. Während ich in der einen Hand die dunkle Post meiner Verwandtschaft zitternd hielt, gab mir Gott in die andere Hand die stärkende Post meiner Freundin.

Aus ihren Worten strömte mir Gottes Liebe entgegen. Auf einer ihrer Karten stand:

Lobe den Herrn, meine Seele!
Ich will den Herrn loben, solange ich lebe,
meinem Gott singen und spielen, solange ich da bin.
Verlaßt euch nicht auf Fürsten,
auf Menschen, bei denen es doch keine Hilfe gibt.
Wohl dem, dessen Halt der Gott Jakobs ist,
und der seine Hoffnung auf den Herrn, seinen Gott, setzt.
Recht verschafft er den Unterdrückten,
den Hungernden gibt er Brot.
Der Herr befreit die Gefangenen,
Der Herr beschützt die Fremden
und verhilft den Waisen und Witwen zu ihrem Recht.
Der Herr liebt die Gerechten,
doch die Schritte der Frevler leitet er in die Irre.
Psalm 146,1-3.5.7.9

Diesen Psalm bettete meine Freundin in die aufrichtenden Worte ein: „ ... Der Herr wird dir Recht verschaffen! Er ist dein Schild, das dich vor den Angriffen schützt, und deine Burg, in der du ganz geborgen sein kannst. Wir beten für Euch um Kraft und Segen ...“

Gott macht aus Sündenböcken Christusfreunde

Für diese Hilfe bin ich meiner Freundin und Gott bis heute sehr dankbar; ohne sie wäre ich im Meer meiner Ängste ertrunken, denn die Familie setzte mir enorm zu. In ihren Briefen beschuldigten mich die Verwandten, ich würde unverschämte Lügen verbreiten, hätte schmutzige Phantasien und kein bisschen Ehrgefühl in meiner eiskalten Seele; ich hätte das gute Verhältnis innerhalb der Familie zerstört und sollte mich schämen, und ich würde dafür beten, wie ich meine Gemeinheiten an die Menschen bringe. Sie forderten von mir, mich schriftlich zu entschuldigen und alles zurückzunehmen; ansonsten würden sie gerichtlich gegen mich vorgehen.

Dieser Forderung kam ich nicht nach; stattdessen stand ich weiterhin zur Wahrheit. Doch die ungerechtfertigten Vorwürfe gegen mich machten mich sehr traurig. Schon in früheren Jahren wurde ich oft beschuldigt, am Unglück der anderen Familienmitglieder schuld zu sein.

Die Schuldgefühle, die mir jahrelang eingeimpft wurden, saßen tief in mir fest und ließen mein Selbstwertgefühl in den Keller sinken. Als ich im Studium vom Sündenbock-Muster hörte, kam es mir aus eigener Erfahrung sehr bekannt vor. Scheinbar ging es mehreren Menschen so wie mir, sonst hätten die Wissenschaftler keine Theorie dazu entwickelt.

Lange Zeit glaubte ich dieser Familie und fühlte mich immer schlechter. Doch jetzt, wo sie mir in ihren Briefen vorwarfen, ich würde dafür beten, wie ich „meine Gemeinheiten an die Menschen bringe“, wusste ich, dass ihre Vorwürfe einfach nicht wahr waren. Wie froh war ich, dass Gott wusste, wie ich wirklich bin: Dass ich anderen nur Gutes wünsche und für andere bete, damit es ihnen gut geht; und dass ich niemandem schaden will. Lieber wollte ich sterben, als auch nur einem Menschen Unglück zu bringen.

Es traf mich sehr, dass meine eigene Familie so schlecht von mir dachte. Lange Zeit litt ich darunter, bis ich eines Tages in der Bibel eine Stelle aufschlug, die mir unbeschreiblich half (Markus 3,22). Hier las ich, dass sogar Jesus Christus, dieser wunderbare göttliche Mensch, beschuldigt wurde, mit dem Teufel im Bund zu stehen. „Geliebter Jesus!“, rief ich aus, „dir ging es ja auch so wie mir!“ Seitdem fühle ich mich von Jesus noch mehr verstanden und bin mit ihm noch enger verbunden.

Verzeihen bringt Freiheit und Fülle in dein Leben

Wie mir die Berater empfohlen hatten, brach ich den Kontakt zum väterlichen Teil der Familie ab. Dieser Schritt tat mir sehr gut, da nun endlich die negativen Einreden ein Ende hatten. Trotzdem fiel es mir lange Zeit schwer, diesen Verwandten die vielen Verletzungen zu vergeben. Deshalb hielten sich auch die Ängste hartnäckig in meinem Leben. Erst als ich begann, dafür zu beten, wurde ich ein befreiter Mensch. Von Gott bekam ich nun die Kraft, auch die Menschen von ganzem Herzen zu lieben, die mich sehr verletzten, und ihnen alles zu verzeihen. Dabei half mir das folgende Gebet:

Danke, Herr, dass ich allen alles vergeben habe
und dein Geist der Liebe und Freiheit in mir wohnt,
jetzt und in alle Ewigkeit.

Simone

Am Beispiel von Simone wird deutlich: Gott will, dass wir vergeben. Erst dann kann er uns glücklich machen und reich beschenken. Warum ist das so?

Stelle dir vor, du wärst ein Flaschengeist, der in seiner Flasche auf dem Trockenen sitzt und sich nach dem lebendigen Wasser Gottes sehnt. Gott will dieses kostbare Wasser gerne in deine Flasche gießen, aber der Flaschenhals ist mit einem Korken verschlossen. Erst wenn du diesen Verschluss entfernst, kann Gott das Wasser, nach dem du dürstest, in deine Flasche füllen.

Genauso kann Gott alles Gute, was er für dich vorgesehen hat, erst dann ungehindert in dein „Lebensgefäß" fließen lassen, wenn du den Korken, also alle inneren Vorwürfe und Verbitterungen, vorher herausziehst. Dabei ist die Liebe der beste Korkenzieher der Welt.

Mit anderen Worten: Damit Gott deine Wünsche zu deinem Besten erfüllen und himmlische Fülle sich in deinem Leben verwirklichen kann, ist es wichtig, dass du allen Menschen alles vergibst.

Aber wenn ihr betet,
dann sollt ihr euren Mitmenschen verzeihen,
falls ihr etwas gegen sie habt,
damit euer Vater im Himmel euch
eure Verfehlungen auch vergibt.
Markus 11,25

Verzeihen heißt nicht, dass du es von nun an gut heißen sollst, was dir angetan wurde. Vergeben heißt auch nicht vergessen: Du darfst und sollst dich vor solchen Menschen schützen. Wenn du verzeihst, beschließt du lediglich, dass du nicht mehr unter den Folgen des Geschehenen leiden willst. Du entscheidest dich damit für ein glückliches Leben. Nachdem du vergeben hast, wirst du auch erleichtert feststellen, dass sich negative Folgen des Erlebten, wie zum Beispiel Ängste, plötzlich auflösen.

Gott kann jeden Menschen glücklich machen

Als Simone, die sich trotz allem Leid für die Liebe entschieden hatte, vor Jahren in einem Unternehmen arbeitete, sagte eine Kollegin eines Tages zu ihr: „Sie sind ein so lieber, wohlwollender und ausgeglichener Mensch! Bestimmt sind Sie sehr geborgen in einem harmonischen Umfeld aufgewachsen. Sonst kann man ja gar nicht so werden.“ Damals dachte sich Simone nur: „Wenn sie wüsste, wie es wirklich war.“

Du, liebe Leserin, lieber Leser, weißt jetzt einiges aus dem Leben von Simone. Damit zeigt sie, dass nicht nur ein Mensch, der bisher vom Leid verschont geblieben ist, glücklich werden kann. Denn es gibt keine schmerzvolle Erfahrung, deren Auswirkungen Gott nicht heilen kann; es gibt keine Sorge, die für Gott nicht lösbar wäre; es gibt keine Angst, die Gott nicht in Vertrauen umwandeln könnte. Wenn Gott es geschafft hat, aus Simone, dieser leidgeprüften Frau, einen vertrauensvollen und glücklichen Menschen zu machen, dann darfst du dich jetzt darauf freuen, was er in deinem Leben bewirken kann.

Der beste Dank für dich

Gott lässt dir die freie Wahl: Du darfst dir wünschen, was du willst! Wenn du für etwas immer wieder hartnäckig betest, wird Gott dir deinen Wunsch irgendwann erfüllen. Aber wirst du dann glücklich sein? Wie wählst du deine Wünsche am besten aus, damit sich das erhoffte Glück auch wirklich einstellt?

Göttliches Wunsch-Management

Gott sei Dank gibt es jemanden, der den perfekten Überblick über alles hat: Gott! Er weiß, was du für dein Glück benötigst. Deshalb ist es eine gute Idee, Gott in die Auswahl aller Wünsche einzubeziehen. Welche guten Erfahrungen Christian, ein junger Ingenieur, dabei machen durfte, erzählt er in seiner folgenden Geschichte:

Seit Monaten war ich auf der Suche nach einer Arbeitsstelle. Als Berufsanfänger ohne Berufserfahrung tat ich mir schwer. Schon zahlreiche Bewerbungen hatte ich geschrieben; bisher kamen nur Absagen oder inakzeptable Angebote. Meine Frau Lena und ich beteten immer wieder für die beste Stelle für mich, aber sie ließ auf sich warten.

Doch eines Tages wurde ich auf eine sehr interessante Stelle aufmerksam. Ich bewarb mich und schickte die Bewerbung mit dem Gebet ab: „Herr, schenke mir die Stelle, wenn sie gut für mich ist. Danke.“ In den nächsten Tagen hatte meine Frau Lena einen seltsamen Traum. Sie träumte, dass ich die Stelle bekommen hatte und wir an diesen Arbeitsort gezogen waren. Doch gleich zu Beginn fielen mich dort zwei Hunde an und wollten mich verletzen.

Wir wussten beide nicht, wie wir den Traum zu deuten hatten und dachten nicht mehr daran. Kurz darauf kam die Einladung zum Vorstellungsgespräch. Weil wir uns die neue Gegend gemeinsam ansehen wollten, fuhr Lena zu diesem Termin mit. Erstaunlicherweise sah die Landschaft hier genauso aus wie im Traum meiner Frau.

Während ich das Gespräch führte, wartete Lena in einer Kirche betend auf mich. Sie dankte Gott im Voraus, dass er alles bereits zu meinem Besten geführt hatte. Wenige Tage später kam die Absage. Enttäuscht trösteten wir uns gegenseitig, richteten unseren Blick aber gleich wieder auf Gott. „Dann hat Gott etwas Besseres mit dir vor", ermutigte mich Lena. Tatsächlich schenkte mir Gott kurze Zeit später eine andere Stelle, die wesentlich vielseitiger und höher bezahlt war und mir deutlich bessere Möglichkeiten für meine weitere berufliche Laufbahn eröffnete.

Es dauerte auch nicht lange, bis wir den Traum meiner Frau verstanden; denn diese Stelle bekam Marcel, ein Bekannter von mir. Nach wenigen Wochen erzählte er mir, dass es ihm dort gar nicht gefiele, da sowohl seine Vorgesetzten als auch seine Mitarbeiter sehr „bissig" zu ihm seien. Sobald es Marcel möglich war, kündigte er die Stelle und wechselte den Arbeitgeber. Als Lena und ich davon erfuhren, dankten wir Gott, dass er mich vor dieser Stelle bewahrt und mit einer viel besseren reich beschenkt hatte.

Christian

Für dich nur das Allerbeste

Wie das Erlebnis von Christian zeigt, lohnt es sich, Gott in unsere Wünsche einzubeziehen. Hätte sich das Ehepaar in seinen Gebeten auf die erste Stelle versteift, hätte Gott dem jungen Mann nicht die zweite viel bessere Stelle schenken können. Weil das

Ehepaar aber Gott die Wahl ließ, konnte er optimal für Christian wirken. Wenn du also selbst auf der Suche nach einer Arbeitsstelle, einem Traumpartner oder einem neuen Zuhause bist, dann danke Gott im Voraus, dass er dir die für dich beste Stelle, den für dich besten Partner oder das für dich beste Zuhause bereits geschenkt hat. So fixierst du dich nicht auf nur einen Arbeitgeber, einen Menschen oder ein Haus, sondern ermöglichst Gott, das Allerbeste für dich auszuwählen. Versteife dich nicht auf Details, damit du die Fülle, die Gott dir schenken will, nicht begrenzt. Je offener du dein Gebet formulierst, umso mehr Gestaltungsspielraum lässt du Gott und umso positiver kann Gott dich überraschen. Eines meiner Lieblingsgebete heißt deshalb:

Danke, lieber Gott, für das glückliche Leben, das du meinen Lieben und mir immerzu schenkst.

Dieses offene Gebet hat einen großen Vorteil: Es zieht alles in dein Leben, was du zum Glücklichsein brauchst; auch das, woran du selbst gar nicht gedacht hast. Und es hält alles Unnötige von dir fern, was dich von Gott und deiner göttlichen Lebensaufgabe, also von deinem Glück, abbringen würde. Es befreit dich, da du kein Verlangen mehr nach unwichtigen Dingen hast.

Danke, dass dein Wille auch mein Wille ist

Leg dein Schicksal in Gottes Hand;
verlass dich auf ihn, er macht es richtig!
Psalm 37,5

Was aber passiert, wenn wir unser ganzes Schicksal in Gottes Hand legen? Was kommt auf uns zu, wenn wir Gott erlauben, dass sein Wille unser ganzes Leben bestimmt? Müssen wir dann mit Entbehrungen rechnen? Droht uns dann ein Opferleben ohne Freude? Oder will Gott wirklich in allem unser Glück? Dürfen wir Gott vertrauen, dass er es immer gut mit uns meint?

Diese Fragen stellte ich mir lange Zeit. Deshalb zögerte ich, mein ganzes Leben in Gottes Hand zu legen. „Wer weiß, was dabei herauskommt?", dachte ich mir, „vielleicht nimmt mir Gott etwas, woran ich sehr hänge und was mir dann zu meinem Glück fehlt."

Doch eines Tages durfte ich erfahren, was Gott für unser Leben wirklich will. Sein Wille für dich, für mich und für alle Menschen ist Gesundheit, Reichtum und Glück. Gottes größtes Glück ist, wenn wir glücklich sind.

Denn mein Plan mit euch steht fest:
Ich will euer Glück und nicht euer Unglück.
Ich habe im Sinn, euch eine Zukunft zu schenken,
wie ihr sie erhofft. Ich, der Herr, sage es.
Jeremia 29,11

Mit dieser Zusage warf ich alle Zweifel über Bord und übergab Gott mein ganzes Leben. Jetzt war kein großer Mut mehr nötig, um inbrünstig folgende Worte zu beten:

Lieber Gott, ich danke dir,
dass du mein Leben in deine gütige Hand nimmst
und das Beste in deinem Sinne daraus machst;
danke, dass dein Wille auch mein Wille ist,
jetzt und immer.

Was dabei herauskam, ist überwältigend. Ich kann dir nur empfehlen, das Gleiche zu tun! Du wirst begeistert sein: Statt Entbehrungen irgendeiner Art erwartet dich Fülle in allen Lebensbereichen. Statt Krankheit und Schmerzen erwartet dich Gesundheit an Körper, Geist und Seele. Statt Opferleid ohne Freude erwarten dich himmlisch schöne Aufgaben, die dich mit höchstem Glück und riesiger Freude erfüllen!

Danke für das schönste Gefühl der Welt

Ein Leben, das Gottes Willen entspricht, hat also nichts mit Entbehrungen und Leid zu tun. Gott will von uns etwas viel Schöneres:

Sich in körperlichen Entbehrungen zu üben,
bringt nur wenig Nutzen.
Aber sich im Gehorsam gegen Gott zu üben,
ist für alles gut; denn es bringt Gottes Segen
für dieses und für das zukünftige Leben.
1. Timotheus 4,8

Gottes Segen ist das Beste, das wir Menschen erhalten können. Gott lässt uns mit seinem Segen eine besondere Zuwendung zukommen, die alle menschlichen Vorstellungen übersteigt und die wir aus eigener Kraft niemals erreichen könnten.

Was aber fordert Gott dafür von uns? Was heißt „sich im Gehorsam gegen Gott zu üben"? Wir gehorchen Gott, wenn wir seine Gebote einhalten und nach seinem Willen leben. Und wie können wir Menschen den Willen Gottes erfüllen? Der Apostel Paulus gibt dazu einen wertvollen Rat. Er schreibt, dass alle Gebote Gottes in einem Satz zusammengefasst sind:

Liebe deinen Mitmenschen wie dich selbst.
Wer seinen Mitmenschen liebt, fügt ihm kein Unrecht zu.
Den anderen lieben bedeutet also: das ganze Gesetz
Gottes erfüllen.
Römer 13,9.10

Somit will Gott von uns eigentlich nur eines: Er will, dass wir lieben, uns selbst und alle anderen. Wenn wir aus dem Gefühl der Liebe heraus handeln, machen wir automatisch alles richtig; denn dann wirkt Gott durch uns, und Gott macht keine Fehler. Dann führt er uns perfekt in allem, was wir denken, sagen und tun. Wohnt Gott, das heißt die Liebe, in uns, bekommen wir seine Hilfe umsonst und werden sogar noch überreichlich von ihm belohnt. Wer möchte bei dieser Aussicht die Liebe nicht gleich in sein „Lebenshaus“ einziehen lassen?

Falls es dir schwerfällt, dich selbst und andere zu lieben, danke Gott einfach im Voraus immer wieder dafür. Er wird dir dann die Liebe zu dir selbst und zu seiner ganzen Schöpfung schenken, ohne dass du noch etwas Weiteres dazu tun musst.

Danke, lieber Gott,
dass ich mich selbst, alle Menschen und deine ganze
Schöpfung von Herzen liebe, jetzt und immer.

Unsere Liebe zu Gott bringt die schönsten Wunder in unser Leben

Wenn du dich selbst, alle Menschen und Gottes Schöpfung liebst, dann liebst du automatisch auch Gott.

Gott lieben, das ist die allerschönste Weisheit,
und wer sie erblickt, der liebt sie;
denn er sieht, welch große Wunder sie tut.
Sirach 1,14.15

Sobald du Gott von ganzem Herzen liebst und ihm dienst, wirst du etwas ganz Erstaunliches feststellen: Noch bevor du deine Wünsche ausgesprochen hast, hat Gott sie schon erfüllt. Er kann anderen Menschen Gedanken eingeben und sie so führen, dass diese deinen Wunsch erfüllen, ohne dass du selbst mit diesen Menschen über deinen Wunsch gesprochen hast.

Noch ehe sie zu mir um Hilfe rufen,
habe ich ihnen schon geholfen.
Bevor sie ihre Bitte ausgesprochen haben,
habe ich sie schon erfüllt.
Jesaja 65,24

Dankbar und staunend durfte auch ich diese Wahrheit in meinem Leben schon oft selbst erfahren. Ein kleines Gebet öffnet dir die Tür zu solch wunderbaren Erfahrungen:

Danke, lieber Gott,
dass ich dich von Herzen liebe
und dir mit großer Freude dienen darf.

Wenn du diese Worte regelmäßig betest, wirst du feststellen, wie die Liebe in dir wächst und Gott dir neue Aufgaben schenkt, die dich höchst beglücken. Dabei kannst du natürlich auch in eigenen Worten beten. Diese Formulierung ist nur ein Vorschlag. Wichtig ist, dass dein Gebet von Herzen kommt.

Mache dir keine Sorgen, dass Gott dich überfordern könnte. Ich scheute mich lange Zeit vor neuen Aufgaben, weil ich mit den bisherigen Pflichten schon überfordert war. Müde und ausgelaugt schleppte ich mich oft durch den Alltag. Wo sollten da noch neue Aufgaben für Gott Platz haben?

Wenn du für Gott arbeiten willst, wird er dir genug Platz dafür in deinem Leben einräumen. Du kannst sogar damit rechnen, dass dein Leben leichter wird und dir mehr Freude bereitet. Als ich mich entschloss, mein Leben Gott zu übergeben und ihm zu dienen, gab er mir den Mut, andere Aufgaben, die mir weniger Spaß machten, aufzugeben. Ich hörte auf, als freie Fachjournalistin und Redakteurin zu arbeiten, und fing an, für Gott Märchen zu schreiben und zu illustrieren. Seitdem bin ich während und nach der Arbeit voller Kraft und Freude. Diese Energie hält an und hilft mir, auch meine anderen Pflichten leichter zu bewältigen. Mein Leben ist um hundert Prozent schöner geworden.

Gottes wunderbarer Plan für dein Leben

Was passiert, wenn du Gott jetzt zum Mittelpunkt deines Lebens machst und ihm dein Leben schenkst? Du wirst ein neues Leben gewinnen, das wesentlich glücklicher und erfüllter ist als dein bisheriges Leben. Gott kennt dich genau und hält die Aufgaben für dich schon bereit, die dich glücklich machen. Er wird es dir auch ermöglichen, alte Aufgaben, deren du überdrüssig bist, abzugeben. Alles, was du dazu tun musst, ist, Gott dienen zu wollen und ihm dafür zu danken. Den Rest fädelt Gott für dich ein.

Wir selbst sind ganz und gar Gottes Werk.
Durch Jesus Christus hat er uns so geschaffen,
dass wir nun Gutes tun können.
Er hat sogar die guten Taten schon geschaffen,
die wir nun auch tun sollen.
Epheser 2,10

Sobald du für Gott lebst, darfst du erfahren, dass Gott immer perfekt und liebevoll für dich sorgt. Auch alle materiellen Güter, die du für deine Lebensaufgabe und zum Glücklichsein brauchst, werden dann immer zum richtigen Zeitpunkt in dein Leben fließen.

Jesus Christus spricht:
Euer Vater weiß, was ihr braucht.
Sorgt euch nur darum,
dass ihr euch seiner Herrschaft unterstellt,
dann wird er euch mit all dem anderen versorgen.
Lukas 12,30.31

Habe keine Sorge: „Sich der Herrschaft Gottes zu unterstellen" heißt nicht, dass du als Untertan einem willkürlichen Herrscher ausgeliefert bist. Im Gegenteil: Wenn du dich seiner Herrschaft unterstellst, hebt dich Gott zu sich empor und nimmt dich in seine Herrlichkeit auf; er teilt seinen ganzen Reichtum und sein ganzes Glück mit dir und lässt dich eins mit ihm werden. Die Einheit mit Gott ist das Erstrebenswerteste, was wir Menschen erleben können. Ein Gebet, das mir immer wieder sehr gut tut, lautet:

Danke für die vollkommene Einheit mit Gott, jetzt und immer.

Das höchste Glück finden

Wenn du eins mit Gott geworden bist, hast du das höchste Glück gefunden. Ein solches Leben wird dir so viel Freude und Glück bereiten, dass du Gott dafür immerzu danken willst. Liebe und Dankbarkeit sind dann deine ständigen Begleiter. Sich mit Gott und seiner ganzen Schöpfung eins zu fühlen und dankbar in Liebe mit allem verbunden zu sein, ist das herrlichste Gefühl der Welt!

Tut alles in der Liebe!
Sie verbindet euch und führt euch
dadurch zur Vollkommenheit.
Der Frieden, den Christus schenkt,
soll euer ganzes Denken und Tun bestimmen.
In diesen Frieden hat Gott euch alle miteinander gerufen,
denn ihr seid ja durch Christus ein Leib. Dankt Gott dafür!
... Euer ganzes Leben soll ein einziger Dank sein,
den ihr Gott, dem Vater, durch Jesus Christus darbringt.
Kolosser 3,14.15.17

Wahre Glücks-Erlebnisse

Stelle dir vor, du wachst morgens auf und dein Partner begrüßt dich mit den Worten: „Guten Morgen, Liebling, ich liebe dich und will dich glücklich machen. Du weißt ja: Ich bin immer für dich da. Was kann ich heute für dich tun?"

Würdest du da vor Freude nicht gleich in die Luft hüpfen? Dann tue es, denn dieser himmlische Traumpartner ist wirklich für dich da. Gott wartet darauf, dass du mit all deinen Anliegen zu ihm kommst, damit er sein Bestes für dich tun kann. Dein Wunsch kann nie zu klein oder zu groß für Gott sein.

In Gesprächen mit lieben Menschen habe ich immer wieder festgestellt, dass viele glauben, Gott dürfe man nur in Notsituationen oder in wirklich wichtigen Angelegenheiten in seiner himmlischen Ruhe stören. Aber was heißt *wirklich wichtig*? Für Gott ist jedes deiner Anliegen wirklich wichtig; ganz einfach deshalb, weil du Gott wirklich wichtig bist.

Gott wünscht sich sogar, dass du ihn möglichst oft – am besten immer – in dein Leben einbeziehst. Als dein himmlischer Traumpartner ist es ihm am liebsten, wenn du alles mit ihm gemeinsam machst und jede Sekunde deines ganzen Lebens mit ihm verbringst. Je mehr Gelegenheit du Gott gibst, für dich zu wirken, desto mehr kann er für dich tun.

Seitdem ich Gott in jeden Lebensbereich einbeziehe und für einfach alles seine Hilfe beanspruche, komme ich aus dem dankbaren Staunen gar nicht mehr heraus.

Die Engel sind ... Geister, die Gott dienen.
Er schickt sie denen zu Hilfe, die gerettet werden sollen.
Hebräer 1,14

Ein guter Freund sagte einmal zu mir: „So oft, wie du Gott anrufst, beschäftigst du ja ständig ganze Engelscharen, die für dich arbeiten. Da wird im Himmel eine hohe Rechnung auf dich warten. Ob du die bezahlen kannst?" Schmunzelnd gab ich ihm zur Antwort: „Gott stellt uns Menschen wirklich viele Engel zur Seite, die für uns arbeiten, sobald wir Gott um Hilfe anrufen. Aber sie tun dies im Auftrag von Gott mit großer Freude und aus Liebe zu uns! Warum sollte Gott uns dafür eine Rechnung ausstellen? Oder schreibt eine Mutter, die liebevoll ihr kleines Kind versorgt, ihm später eine Rechnung für das Windelwechseln, Füttern und Baden? Alles was aus Liebe geschieht, hat bereits seinen Lohn; denn die Liebe fließt in vielfachem Maße zu demjenigen zurück, der sie gibt. Und Liebe ist der schönste Lohn, den wir empfangen können. Wahre Liebe ist das Einzige, was uns glücklich macht."

In diesem Kapitel liest du, wie Gott in unserem Leben wirken kann, wenn wir unsere Anliegen vertrauensvoll vor ihn bringen. Wie alle Geschichten in diesem Buch sind auch die folgenden Glückserfahrungen, die mir bekannte Menschen und ich machen durften, bis ins Detail wahr. Lasse dich davon inspirieren! Schicke gleich heute deine eigenen Wünsche an den Himmel ab und erwarte dankbar und voller Freude deine persönlichen Glückserlebnisse mit Gott.

... wer Gott vertraut,
findet bleibendes Glück.
Sprichwörter 16,20

Dein Dienst für Gott wird reich belohnt

Erlebe das größte Glück der Welt! Wie? Indem du Gutes tust und Gott dienst. Aus eigener Erfahrung kann ich bestätigen, dass es nichts Schöneres gibt. Gott belohnt dich mit einem Glücksgefühl, das mit nichts zu vergleichen ist. Als Dank für deine guten Werke wird er dich mit seinem überschwänglichen Segen überraschen.

Wie glücklich ist,
wer den Herrn achtet und ehrt,
wer große Freude hat an Gottes Geboten!
Wohlstand und Reichtum sind in seinem Haus.
Psalm 112,1.3

Von Rosenblüten, Goldstücken und Regentropfen

Es tut mir so gut, jeden Tag zu beten. Gott gibt mir dadurch viel Kraft und Mut. In meinen Gebeten danke ich Gott für alles, rede mit ihm und frage ihn um Rat. Wenn es ganz still in mir wird, antwortet er über meine innere Stimme oder über innere Bilder. Vor einiger Zeit fragte ich Gott wieder einmal, wie ich ihm dienen könne. Im nächsten Augenblick empfing ich ein wunderschönes Bild, an das ich immer wieder denken muss:

Ich sah mich auf einem Hügel stehen, umgeben von vielen Menschen, die einen Kreis um mich bildeten. Neben mir stand ein Korb, der leer war. Als ich meinen Blick zum Himmel richtete und meine Hände Gott entgegenstreckte, fielen duftende Rosenblüten auf mich herab. Bald war auch der Korb damit gefüllt. Als ich den Korb nahm und die Rosenblüten an die Menschen um mich herum verteilte, verwandelten sich die Blüten in Goldstücke. Jetzt fielen Goldstücke vom Himmel, und je mehr ich davon verteilte, umso mehr füllte sich der Korb wieder damit. Bald reichte der Korb nicht mehr aus, und ich brauchte Helfer, die mit mir die Goldstücke mit vollen Händen verteilten. Das Schenken erfüllte mich mit riesengroßer Freude. Auch alle Menschen um mich herum waren glücklich. Reich beschenkt feierten wir gemeinsam unser Glück und lobten Gott.

Gott liebt fröhliche Geber.
Er kann euch so reich beschenken,
dass ihr nicht nur jederzeit genug habt für euch selbst,
sondern auch noch anderen reichlich Gutes tun könnt.
Lasst uns Gott danken für sein Geschenk!
Es ist so groß, dass man es gar nicht beschreiben kann.
2. Korinther 9,7.8.15

Eines Tages sagte ich nach dem Frühstück zu Gott: „Herr, zeige mir in diesen Tagen, wie sehr du mich liebst und wie reichlich du mich beschenken wirst, wenn ich dir diene." Weil unser Garten wieder einmal Wasser brauchte, fügte ich hinzu: „Danke, dass du es mir über die Regenmenge gezeigt hast."

Zunächst tat sich gar nichts. Nachdem es den ganzen Vormittag nicht geregnet hatte, dachte ich: „Also gut, lieber Gott, ich glaube dir auch ohne Regen, dass du mich liebst und segnest." Als gegen Mittag meine lieben Nachbarn anriefen, ich solle in den Garten kommen, weil sie mir Zwetschgen über den Zaun reichen wollten, war ich froh, dass die Wiese trocken war. Auch für meine Nachbarn war es an diesem Vormittag angenehmer, im Trockenen das Obst zu ernten. Nun war ich wieder versöhnt und dachte mir: „Lieber Gott, es war doch gut, dass es heute noch nicht geregnet hat. Du weißt einfach mehr als ich.“ Ich vertraute ihm, dass er schon alles gut machte und betete: „Lass es dann regnen, wenn es keinen stört. Danke.“ Dann dachte ich nicht mehr daran.

Am Nachmittag dieses Tages setzte ein leichter Regen ein, der bis zum Abend immer stärker wurde. Auch die ganze Nacht regnete es stark. Am nächsten Morgen zeigte unser Regenmesser im Garten 39 Liter Wasser pro Quadratmeter. Bis zum Nachmittag regnete es weitere 43 Liter. So hatte es in nur 24 Stunden über 82 Liter geregnet. Das ist sensationell für diese trockene Gegend! Ein solches Regenereignis habe ich dort weder vorher noch nachher noch einmal erlebt.

Ein göttlicher Platz in der Chefetage

Seit Monaten war ich auf der Suche nach einer besser bezahlten Arbeitsstelle. Meine damalige Arbeit – Kindererziehung und Erwachsenenbildung im Bereich Gesundheitsvorsorge und Umweltschutz – machte mir zwar großen Spaß, aber sie war schlecht bezahlt. Um unseren Lebensunterhalt und die Ausbildung meines Mannes zu finanzieren, brauchte ich in Kürze ein höheres Einkommen. Zudem lief mein befristeter Vertrag bald aus und in der großen Abteilung, in der ich beschäftigt war, beeinträchtigte Mobbing das Arbeitsklima.

Eines Tages steckte ich einen kleinen Zettel an meinen Spiegel, auf den ich geschrieben hatte: „Danke, lieber Gott, dass du mir eine wunderbare neue Stelle mit gutem Arbeitsklima, interessanten Aufgaben und guter Bezahlung bereits geschenkt hast.“ Von nun an betete ich dieses kurze Gebet täglich, wenn ich am Spiegel vorbeikam.

Die Zahl meiner Bewerbungen hielt sich in Grenzen, da es für mich als Gesundheits- und Umweltapostel kaum Stellen gab. Das Durchsuchen der Stellenanzeigen hatte ich schon aufgegeben, da ich jedes Mal danach frustriert war. Deshalb schaute mein lieber

Mann Michael die Zeitungen für mich durch. Nur wenige Tage, nachdem ich meinen Zettel an den Spiegel gesteckt hatte, entdeckte Michael eine passende Anzeige. „Darauf musst du dich bewerben“, forderte er mich auf und legte mir den Zeitungsausschnitt auf den Tisch. Als ich ihn las, sagte ich zu Michael: „Die Stelle ist interessant, die Bezahlung auch, aber die suchen Germanisten und nicht so Exoten wie mich.“

Weil ich mir die Stelle zutraute, beschloss ich, mich trotzdem zu bewerben. Zwei Tage vor Bewerbungsschluss schickte ich endlich meine Unterlagen ab. Postwendend bekam ich ein großes Kuvert zurück. Enttäuscht dachte ich, es sei wieder einmal eine Absage und wollte es schon ungelesen im Altpapier entsorgen. Doch als ich das Kuvert öffnete, schaute mir neben einigen Materialien über die Einrichtung eine Einladung zum Vorstellungsgespräch entgegen. Freudig bereitete ich mich auf das Gespräch vor, das kurze Zeit später stattfand. Es verlief gut und mir wurde zugesichert, dass man die Entscheidung bald treffen und mich dann benachrichtigen würde.

Am Abend desselben Tages besuchte ich mit Freunden ein Gebetstreffen in unserer Kirchengemeinde. Zusammen mit vielen anderen Menschen beteten wir, tanzten und sangen Loblieder. Nach dem Singen wurden wir alle für einige Minuten still und hörten auf die Stimme Gottes in uns. Die Botschaften, die wir dabei von Gott empfingen, waren oft auch für andere bestimmt. Deshalb teilte derjenige, der etwas in seinem Inneren gehört hatte, es anschließend laut vor der Gruppe den anderen mit. Erstaunlich oft passten die Botschaften der anderen zu meiner Lebenssituation; so sagte an diesem Abend ein junger Mann vor der Gruppe: „Ich habe den Eindruck, dass Gott einem von uns sagen möchte: Halte durch, deine Erlösung naht!“ Im selben Moment wusste ich, dass Gott mich damit meinte. Dankbar nahm ich diese ermutigenden Worte in mich auf.

Am nächsten Tag musste ich mit meiner Abteilung zu einem Seminarhaus reisen. Dort besuchten wir ein Team-Seminar, um das Arbeitsklima zu verbessern. Ohne Vorwarnung wählte die Seminarleiterin mich aus, die Mitarbeiter unserer Abteilung inklusive meiner Vorgesetzten so im Raum aufzustellen, wie wir im Arbeitsleben zueinander standen.

Kurz wurde mir heiß. Das war eine heikle Aufgabe! Schließlich brauchte ich noch ein ordentliches Zeugnis für künftige Arbeitsstellen. Doch dann dachte ich mir: „Herr, wenn du willst, dass ich diese Aufgabe übernehme, dann hilf mir dabei. Wirke du jetzt durch mich. Danke, dass ich dein Werkzeug sein darf."

Nach meinem Gebet begann ich, jeden einzelnen an einen bestimmten Platz im Raum zu führen. Als ich mit der Aufstellung fertig war, ging ich selbst auf den Platz, an dem ich mich innerhalb der Abteilung sah. Nun fragte die Seminarleiterin jeden der Beteiligten, ob die Verteilung der Personen im Raum die Situation innerhalb der Abteilung widerspiegle.

Tatsächlich empfand jeder der Beteiligten die Situation in der Abteilung genau so, wie ich die Personen im Raum platziert hatte: eine Gruppe von Buhlern um die oberste Vorgesetzte, ein erweiterter Kreis, Nebengrüppchen um Gruppenleiter, Ausgrenzungen einzelner.

Jetzt fragte die Seminarleiterin jeden, wie er sich an diesem Platz fühle und ob es so bleiben solle oder er sich etwas anderes wünsche. Die Antworten verblüfften mich. Diejenigen, die sich im engen Kreis um die Vorgesetzte befanden und andere ausgrenzten, gaben jetzt offen zu, dass sie die Gunst der Chefin für sich allein beanspruchen wollten. Sie wollten die ausgegrenzten Kollegen nicht integrieren. Die Kollegen in den Nebengrüppchen und die Außenseiter sagten, dass sie unter dieser Situation litten und sich ein besseres Miteinander wünschten.

Wieder kam die Seminarleiterin auf mich zu und bat mich: „Stellen Sie jetzt bitte alle Personen so auf, wie Sie es sich wünschen!" Begeistert kam ich ihrem Auftrag nach. Sofort platzierte ich alle Beteiligten einschließlich der Chefin in einem großen Kreis. Dabei stellte ich jeweils die Personen, die Probleme miteinander hatten, nebeneinander. Nun forderte ich alle auf, sich an den Händen zu halten und eine Minute lang darauf zu konzentrieren, dass wir alle Brüder und Schwestern sind, uns lieben und gegenseitig helfen.

Als ich am nächsten Tag morgens wieder in die Abteilung kam, durfte ich ein Wunder erleben: Am Ende des Ganges standen zwei Kolleginnen zusammen, die seit Jahren nichts miteinander geredet hatten. Sie erzählten sich etwas und lachten dabei. Überglücklich bog ich in mein Büro ein und lobte Gott.

An diesem Tag hatte ich viel Arbeit und kam spät nach Hause. Gerade als ich die Tür aufschloss, klingelte das Telefon. Es war der Personalchef der Einrichtung, bei der ich mich zwei Tage zuvor vorgestellt hatte. Erleichtert hörte ich ihn sagen: „Gott sei Dank erreiche ich Sie doch noch. Ich wollte Ihnen mitteilen, dass wir uns für Sie entschieden haben. Ihr Arbeitsvertrag liegt bei uns zur Unterschrift bereit!" Nach diesem Anruf hüpfte ich vor Freude auf mein Bett und machte einen Kopfstand. Überglücklich dankte ich Gott für seine große Hilfe.

In kürzester Zeit hatte mir Gott eine neue Stelle geschenkt; erst drei Wochen waren vergangen, seitdem ich mein Dankgebet an den Spiegel gehängt hatte. Sein Geschenk übertraf all meine Erwartungen: Gott hatte mich in meinem jungen Alter zur Leiterin der Öffentlichkeitsarbeit einer landesweiten Einrichtung gemacht. Später erfuhr ich, dass sich 180 Bewerber auf diese Stelle beworben hatten, darunter langjährige Profis, während ich nur gute zwei Jahre Berufserfahrung vorweisen konnte und keinerlei Beziehungen hatte – außer einer: meine Beziehung zu Gott!

Gott lässt deine Vorhaben gelingen

Schon oft habe ich die Erfahrung gemacht: Wenn ich fleißig arbeite, schufte, alles gebe, was ich kann, dabei aber vergesse, Gott um seinen Beistand anzurufen, dann bleibt der gewünschte Erfolg aus. Danke ich Gott jedoch im Voraus dafür, dass er meine Arbeit reichlich segnet, darf ich mich jedes Mal über ein erfolgreiches Gelingen freuen.

Wenn du Gott um seinen Segen für deine Arbeit anrufst, wird er deine Werke nicht nur gelingen lassen, sondern dir Erfolge schenken, die deine kühnsten Träume übersteigen.

Wohl dem, der ... Lust hat am Gesetz des Herrn
und sinnt über seinem Gesetz Tag und Nacht!
Der ist wie ein Baum, gepflanzt an den Wasserbächen,
der seine Frucht bringt zu seiner Zeit,
und seine Blätter verwelken nicht.
Und was er macht, das gerät wohl.
Psalm 1,1-3

Wenn Gott zur Besprechung einlädt

Als ich die Öffentlichkeitsarbeit einer großen Einrichtung leitete, hatte ich zahlreiche Projekte mit anderen Abteilungen im Haus zu koordinieren. Dafür waren regelmäßige Besprechungen nötig. Anfangs dachte ich, es reiche aus, wenn ich alle Teilnehmer schriftlich einladen würde und kurz vor dem Termin noch einmal am Telefon freundlich erinnerte. Bei einer meiner ersten

Sitzungen erschienen nur zwei von zehn Kollegen, obwohl alle Projektbeteiligten mir ihr Kommen zugesichert hatten.

Vor dem nächsten Termin machte ich keinen Rundruf mehr, sondern telefonierte mit dem lieben Gott. Ich dankte ihm im Voraus, dass zu meiner Besprechung alle Kollegen kamen, die wichtig für das Gelingen des Projektes waren. Dieser eine Anruf im Himmel hatte sich gelohnt. Diesmal kamen nicht nur alle eingeladenen Gäste, sondern sie brachten noch weitere Kollegen aus ihren Abteilungen mit. Es wurde ein konstruktives Arbeitstreffen, bei dem alle fröhlich und gut motiviert mitarbeiteten. Nach diesem Erfolg bezog ich Gott in meine gesamte Arbeit ein und durfte in den verschiedensten Bereichen seine großartige Hilfe erfahren.

Wie das Unschaffbare doch gelingt

Gerade hatte ich meine Stelle neu übernommen, als ein Corporate Design im Haus eingeführt werden sollte. Für mich bedeutete das einen erheblichen Mehraufwand, da alle Medien neu zu gestalten waren. Hinzu kam, dass der Geschäftsbericht inhaltlich völlig neu überarbeitet werden sollte. Die Abstimmungen im Haus nahmen viel Zeit in Anspruch. So blieben der Grafik-Agentur und Druckerei genau drei Wochen Zeit bis zur Lieferung des fertigen Berichts. Der Endtermin stand fest, denn zur Vorstandssitzung musste der Geschäftsbericht gedruckt vorliegen.

Sämtliche Agenturen und Druckereien lehnten den Auftrag ab, als sie den Arbeitsumfang und die Zeitvorgabe erfuhren. Eine völlige Neugestaltung des Berichts mit diesem Seitenumfang inklusive Druck sei in dieser Zeit nicht zu schaffen, sagten sie bedauernd. Etwas verzweifelt rief ich meine Mutter an und erzählte ihr meine Situation. Sie munterte mich auf mit dem folgenden Rat: „Danke Gott dafür, dass du den Bericht perfekt gedruckt rechtzeitig erhalten hast. Stelle dir mit Freude vor, wie du ihn schon in deinen Händen hältst.“ Genau das tat ich jetzt, auch wenn es mir noch so unschaffbar erschien.

Nur kurze Zeit später hatte ich durch die Hilfe eines Freundes eine Agentur und eine Druckerei gefunden, die dieses Wagnis eingingen. Nach wenigen Tagen erhielt ich die ersten Entwürfe. Bei genauerem Hinsehen war ich einem Zusammenbruch nahe. Der Grafiker hatte zu viele Stunden ohne Pause gearbeitet und völlig übermüdet Texte, Grafiken und Tabellen vermischt. Auch innerhalb der Tabellen waren die Zahlen wild vertauscht. Meine gute Vorarbeit war zu einem Chaos entstellt. Als ich mich wieder gefasst hatte, dankte ich Gott hartnäckig weiter.

Am selben Tag noch organisierte die Agentur einen neuen Grafiker, der meinen Auftrag übernahm. Er arbeitete phantastisch schnell und genau. Mit meiner Hilfe bügelte er die Fehler in kürzester Zeit wieder aus. Seine grafischen Entwürfe waren hervorragend. Bald war der gesamte Bericht für die Druckerei vorbereitet. Auch der Druck lief Gott sei Dank sehr gut. Am letzt möglichen Termin wurden die gedruckten Exemplare geliefert. Als ich eine Schachtel aufmachte, hatte ich den ersehnten Bericht in der Hand, perfekt gestaltet und gedruckt. Erleichtert dankte ich Gott für dieses Wunder.

So erschien der Bericht gerade noch rechtzeitig zur Vorstandssitzung. Der Vorstand, die Geschäftsführung und viele andere Kollegen, sogar aus anderen Bundesländern, lobten dieses Werk sehr, mehr als ich es je erwartet hätte.

Nur mit Segen aus den Händen geben

Auch bei anderen Projekten machte ich während dieser Zeit die wichtige Erfahrung: Nur mit Gottes Segen gelingen die Projekte und das ganze Leben!

Besonders bewusst wurde mir dies beim Erstellen meiner ersten Ausgabe der Fachzeitschrift, die ich damals herausgab. Nachdem die Agentur, die als sehr zuverlässig bekannt war, alle Materialien für die Ausgabe erhalten hatte, vertraute ich ohne Gebet darauf, dass alles von selbst laufen würde. Doch als ich die gestalteten Entwürfe erhielt, war ich entsetzt: Texte alter Ausgaben waren mit den Texten der aktuellen Ausgabe vermischt, Namen wichtiger Personen verunstaltet, Fehler über Fehler eingebaut, die zuvor nicht in den Texten waren.

Als ich reklamierte, entschuldigte sich die Agentur damit, dass ihrem neuen Mitarbeiter mehrere Fehler unterlaufen wären. Unter Zeitdruck brachte ich mit anderen Mitarbeitern der Agentur alles wieder in Ordnung. Die ganze Angelegenheit kostete mich einige Nerven, da ich es mir nicht erlauben konnte, die Zeitschrift fehlerhaft herauszugeben.

Auch wenn diese Erfahrung unangenehm war, lernte ich viel daraus: Für den Erfolg eines Projektes reichte es nicht aus, eine perfekte Vorarbeit zu leisten, bevor ich sie an meine Projektpartner weitergab. Zusätzlich brauchte ich Gottes Segen. Deshalb dankte ich von nun an Gott im Voraus, dass er die Ausgaben der Zeitschrift segnete. Und ich segnete alle meine Projektpartner und deren Mitarbeit am Projekt. Bei den künftigen Ausgaben der Zeitschrift durfte ich nun erleben, dass durch Gottes Hilfe alles sehr gut verlief.

Als mit Gott die Kassen klingelten

Wie reichlich Gott segnen kann, durfte ich erfahren, als ich zusammen mit einem Kollegen ein großes Projekt zu koordinieren und durchzuführen hatte, in das zahlreiche weitere Kollegen eingebunden waren. Bevor wir mit unserer Arbeit begannen, schlug ich vor, gemeinsam zu beten. So dankten wir Gott im Voraus für seinen reichen Segen und den großen Erfolg des Projektes.

Als wir nach Monaten unser ausgearbeitetes Konzept im eigenen Haus und in der Öffentlichkeit vorstellten, fand es großen Anklang. Auch von anderen Einrichtungen anderer Bundesländer bekamen wir viel Lob; einige davon kauften unserer Einrichtung das Konzept und dessen Inhalte sogar ab. So verbuchte die Öffentlichkeitsarbeit unseres Hauses durch Gottes Segen erstmalig Einnahmen in beachtlicher Höhe.

Himmlische Pressewunder

Jeder, der schon einmal mit der Presse zusammengearbeitet hat, weiß, wie schwierig es sein kann, dass eigene Artikel in der gewünschten Form zum gewünschten Zeitpunkt gedruckt werden. Ohne Gottes Hilfe sind enttäuschte Mienen über fehlende Presseresonanz oder Ärger über stark gekürzte, inhaltlich fehlerhafte Berichte nicht selten.

Umso ermutigender ist der Bericht von Stephan, der beruflich für die Pressearbeit seines Fachbereiches zuständig ist. Er erzählt, wie Gott ihm bei seiner schwierigen Aufgabe immer wieder hilft:

Früher musste ich erleben, dass meine Fachartikel entweder überhaupt nicht oder nur stark verkürzt in der Tages- und Fachpresse abgedruckt wurden. In einigen Fällen enthielten meine Texte durch redaktionelle Änderungen, die ohne Rücksprache erfolgten, sogar erhebliche fachliche Fehler.

Gott sei Dank darf ich heute ein Rezept kennen und anwenden, das die Zusammenarbeit mit der Presse deutlich erleichtert. Seitdem ich beim Versenden meiner Artikel Gott voller Vertrauen dafür danke, dass sie bereits optimal gedruckt sind, erlebe ich echte Pressewunder: Zum gewünschten Zeitpunkt erscheinen meine Werke meist ungekürzt, ohne inhaltliche Fehler, gut platziert und zum Teil sogar mit großem Bild als Blickfang.

Da ich weder an meinem Schreibstil noch an meiner Vorgehensweise etwas geändert habe, führe ich diese Erfolge allein auf Gottes wunderbare Hilfe zurück.

Stephan

Unerwarteter Besucher- und Geldsegen

Andreas, ein junger Ingenieur, berichtet, wie Gott ihn überschwänglich mit seinem Segen überraschte:

Zusammen mit einem Kollegen hatte ich eine öffentliche Informationsveranstaltung zum Thema Umweltschutz für interessierte Bürger zu organisieren und durchzuführen. In den Vorjahren hatten bisher andere Kollegen diese Aufgabe übernommen. Die Teilnehmerzahlen waren stark rückläufig und die Veranstaltungskosten überstiegen deutlich die Einnahmen.

In diesem Jahr wurde mir die Hauptverantwortung für die Veranstaltung übertragen. Bevor ich mit der Arbeit begann, dankte ich Gott vorab, dass „er meine Arbeit reichlich segnet und die Veranstaltung ein großer Erfolg geworden ist“. Dann wählte ich zusammen mit meinem Kollegen ein hochaktuelles Thema aus, suchte einen neuen Veranstaltungsort aus und wertete die Veranstaltung mit einer Fachexkursion auf.

Am Tag der Veranstaltung durften mein Kollege und ich Gottes reichen Segen erleben: Es kamen mehrere hundert Besucher; insgesamt waren es fast fünfmal so viel wie in den Vorjahren. Zahlreiche Teilnehmer lobten begeistert die Veranstaltung. Die Presseresonanz war überwältigend. Erstmalig überstiegen die Einnahmen die Kosten bei weitem, so dass die Veranstaltung einen beträchtlichen Gewinn einbrachte.

Dankbar lobe ich Gott heute noch, wenn ich an seinen reichen Segen für diese Veranstaltung denke.

Andreas

Himmlische Wegweiser ins Glück

Auf unserem Lebensweg kommen wir manchmal an Wegkreuzungen. Als Menschen sehen wir nur einen kurzen Abschnitt der Wege, die vor uns liegen. Welchen sollen wir wählen? Welcher Weg führt uns ins Glück? Gott sei Dank gibt es jemanden, der alles weiß, uns liebt und an den wir uns wenden können.

Du kannst Gott zum Beispiel im Voraus danken, dass er dir den Weg ins Glück bereits gezeigt und dich auf diesem Weg begleitet hat. Gott wird dir dann unübersehbare Zeichen schicken und deinen Weg ins Glück mit himmlischen Wegweisern kennzeichnen.

Ich preise den Herrn, der mir sagt, was ich tun soll ...
Du zeigst mir den Weg zum Leben.
Deine Nähe erfüllt mich mit Freude;
aus deiner Hand kommt ewiges Glück.
Psalm 16,7.11

Ein Engel im Bauch

Es war unser viertes Ehejahr. Mein Mann Michael hatte seine Ausbildung gerade erfolgreich beendet und seine erste Arbeitsstelle bekommen, mehrere hundert Kilometer entfernt von unserem damaligen Wohnort. Wenige Monate zuvor hatte ich es mit Gottes Hilfe endlich geschafft, nach mehreren befristeten Verträgen endlich einen unbefristeten Arbeitsvertrag zu bekommen. Meine Arbeit war interessant, abwechslungsreich, zu meinem

Studium passend, gut bezahlt und mit vielen sozialen Kontakten. Ich saß in der Chefetage einer großen Einrichtung, war gut eingearbeitet, beliebt und erfolgreich.

Was sollte ich jetzt tun? Michael und ich wollten auf keinen Fall weiter eine Wochenendehe führen. Also kündigen und meine berufliche Karriere aufgeben? Gut. Aber da war noch ein Haken. Der Arbeitgeber meines Mannes konnte nicht zusichern, wie lange Michael an seinem neuen Arbeitsort bleiben könne. Seine Stelle war zwar sicher, aber eine Versetzung an andere Orte jederzeit möglich.

Sollte ich meine Stelle doch behalten und hoffen, dass mein Mann bald an unseren damaligen Wohnort versetzt würde? Ratlos wendete ich mich an Gott: „Herr, danke, dass du mir ganz deutlich den Weg gezeigt hast, der für uns am besten ist.“ Es dauerte nicht lange, da kam die Antwort: Ich war schwanger! Und das nach über zwölf Jahren Partnerschaft mit Michael. Das musste das Zeichen sein!

Sofort kündigten wir unsere alte Wohnung und suchten uns als kleine Familie ein neues Zuhause am Arbeitsort meines Mannes. Bei meinem Arbeitgeber wollte ich zunächst einmal Erziehungsurlaub einreichen. Fröhlich und überglücklich verkündete ich jedem, der mir über den Weg lief, dass wir Nachwuchs erwarteten.

Doch dann passierte etwas, was ich damals überhaupt nicht verstand. In der elften Schwangerschaftswoche bekam ich Blutungen, die bald so stark waren, dass ich mit Blaulicht ins Krankenhaus gebracht wurde. Gott sei Dank war Wochenende, so dass Michael mich begleiten konnte. Im Krankenhaus erfuhren wir, dass unser Kind bereits gestorben war. In den folgenden Wochen war ich nicht nur körperlich am Boden, sondern auch seelisch. Verzweifelt rief ich zu Gott, warum er mir das angetan hatte.

Heute darf ich Gott sei Dank wissen, dass mir Gott damals einen himmlischen Wegweiser geschickt hatte. Mein geliebtes Engelkind zeigte mir ganz deutlich, wohin ich gehörte: zu meinem Mann an seinen neuen Arbeitsort!

Eine Zeit lang stellte ich mir die Frage, warum unser Kind wieder von uns gegangen war. Der medizinische Grund war uns bekannt, aber hinter allem steckt ja ein tieferer Sinn. Und den wollte ich wissen. Auch diese Antwort kam. Gott hatte in den folgenden Jahren andere Aufgaben für mich, die ich mit Kind nicht geschafft hätte.

Michael und ich gaben unserem lieben Kind drei schöne Namen, bastelten ihm gemeinsam liebevoll eine große Kerze und manchmal weinten wir auch gemeinsam. Aber bis heute sehen wir es als großes Geschenk von Gott an, dass unser Kind, wenn auch nur kurz, bei uns war. Es hat uns noch enger miteinander verbunden: Wir sind jetzt dankbare Eltern eines Engelkindes.

Ein kurioses Trio im Schneegestöber

Noch in der selben Nacht, in der ich wegen unseres Kindes operiert wurde, beschloss ich, meine Stelle zu kündigen und zu Michael zu ziehen – auch ohne Kind. Am nächsten Werktag rief ich meinen Chef an und bat ihn, meine Stelle auszuschreiben, damit ich meinen Nachfolger noch einarbeiten könne. Mein Chef versuchte, mich zu halten, und meinte, ich solle mir das alles noch einmal überlegen. Aber mein Entschluss stand fest. Ein deutlicheres Zeichen hätte Gott mir nicht geben können.

Nachdem ich mich körperlich wieder einigermaßen erholt hatte, bereitete ich mein Ausscheiden vor. Es war mir wichtig, die Stelle gut zu übergeben. Meine Kollegen und die Leiter der Einrichtung organisierten für mich ein schönes Abschiedsfest und beschenkten mich so reichlich, dass ich an meinem letzten Arbeitstag mit fünf großen Taschen die Einrichtung verließ.

Als ich am Bahnhof den Bahnsteig erreichte, war mein Zug gerade abgefahren. Der nächste Zug ging eine Stunde später. So stand ich nun mit meinem Gepäck am zugigen Bahnsteig bei Eiseskälte im Schneegestöber, als plötzlich eine junge fröhliche Frau in meinem Alter vor mir auftauchte. Als sie mich mit den fünf großen Taschen sah, musste sie erst einmal lachen. Fast im gleichen Moment gesellte sich ein junger Mann zu uns, der nicht mehr als ein Paar offene Sandalen ohne Socken, eine kurze Hose und ein ärmelloses T-Shirt anhatte. Auf dem Rücken trug er einen kleinen Rucksack. Unsere verwunderten Blicke veranlassten den jungen Mann, uns seine etwas luftige Kleidung zu erklären. Er war gerade von einer Indien-Rucksackreise zurückgekommen, bei der er so wenig Gepäck wie möglich mitgenommen hatte.

Wir stellten fest, dass wir alle drei den gleichen Zug verpasst hatten. Nun musste die junge Frau noch mehr lachen und weil sie so fröhlich war, steckte sie uns mit ihrem Lachen an. Dieses herzliche Lachen ließ uns die Kälte und mich meinen Abschiedsschmerz ganz vergessen. Fröhlich standen wir drei am Bahnsteig und erzählten uns gegenseitig aus unserem Leben.

Nachdem ich erklärt hatte, warum ich mit so vielen Taschen unterwegs war, meinte die junge Frau mit strahlenden Augen: „Das ist eine sehr gute Entscheidung, zu Ihrem Mann zu ziehen. Vor einigen Monaten habe ich das Gleiche getan. Ich habe meine Heimat und meine Familie in England verlassen, meine Arbeitsstelle dort gekündigt und lebe nun hier bei meinem Mann. Anfangs beherrschte ich nicht einmal richtig die Sprache dieses Landes. Trotzdem war es das Beste, was ich tun konnte. Diesen Schritt habe ich noch keine Minute bereut. Ich bin hier bei meinem Mann so glücklich!“ Die Worte der jungen Frau ermutigten mich. Sie bestärkten mich in dem Gefühl, jetzt genau das Richtige zu tun.

Eine halbe Stunde war inzwischen vergangen. Jetzt fuhr ein Zug auf dem Bahnsteig ein, für den unsere Fahrkarten nicht gültig waren. Doch als der Schaffner unser kurioses Trio im Schneegestöber entdeckte, bot er uns an, ausnahmsweise wegen der Kälte einzusteigen. Da in der zweiten Klasse alles besetzt war, durften wir sogar fürstlich in der ersten Klasse mitfahren. Am Zielbahnhof angekommen, verabschiedeten wir uns. Seitdem habe ich die beiden nie mehr gesehen.

Die fröhliche Art der jungen Frau und ihre Botschaft für mich werde ich nie vergessen. Sie war der zweite himmlische Wegweiser, mit dem Gott mir die letzten Zweifel ausräumen wollte.

Tatsächlich habe ich bis heute diesen Schritt keine Sekunde bereut. Ich bin dankbar und glücklich, dass mir Gott meinen Weg ins Glück so deutlich gezeigt hat und er mir den Mut gab, ihn zu gehen.

Eine himmlische Lebensaufgabe

Freudestrahlend erzählt Leo, ein Rentner, wie Gott ihm half, als er ratlos vor vielen möglichen Lebenswegen stand:

Lange freute ich mich schon auf meinen Ruhestand – endlich das zu tun, was mir Freude macht; endlich mich neuen Lebensaufgaben zu widmen. Als die Zeit gekommen war, genoss ich meine Freizeit in den ersten Monaten sehr. Doch bald machte ich mich auf die Suche nach einem neuen Lebensinhalt; denn es war der tiefe Wunsch in mir, etwas Sinnvolles für andere Menschen zu tun; nur wusste ich nicht, was und wie. Monatelang suchte ich nach geeigneten Aufgaben, ohne zu wissen, welche gut für mich sind. Irgendwie steckte ich fest.

Eines Tages beschloss ich, Gott um Hilfe anzurufen. Ich dankte ihm im Voraus dafür, dass er mir meinen Weg bereits deutlich gezeigt und geebnet hatte. Kurz darauf traf ich am richtigen Ort die richtigen Menschen, führte die richtigen Gespräche zum richtigen Zeitpunkt und erhielt Hinweise für die richtigen Seminare, um Zusatzqualifikationen zu erwerben. Plötzlich lag alles klar vor mir. Euphorisch machte ich mich auf den Weg, den mir Gott so schnell gezeigt hatte. Seither bin ich erfüllt von meiner neuen Lebensaufgabe und rundherum glücklich.

Leo

Wenn Gott seine Engel schickt

Manche Gebete erhört Gott auf unglaubliche Weise. Rätselnd stehe ich dann vor dem Wunder und frage mich, ob diesmal Gott seine Engel vom Himmel auf die Erde geschickt hat, um meinen Wunsch zu erfüllen. Ich wünsche dir viele dieser Erfahrungen, denn sie sind himmlisch!

... und siehe, eine Leiter stand auf Erden,
die rührte mit der Spitze an den Himmel,
und siehe, die Engel Gottes stiegen daran auf und nieder.
1. Mose 28,12

Ein Licht in dunkler Winternacht

Es war sehr kalt in dieser Nacht. Mein Mann Michael und ich befanden uns auf einer längeren Reise und hatten auf dem Parkplatz eines Autohändlers eine kurze Pause eingelegt, um uns nach einem gebrauchten Fahrzeug umzuschauen.

Etwas frustriert von den hohen Preisen sagte ich zu Michael: „Von mir aus können wir unser 17 Jahre altes Auto auch noch zwei Jahre fahren.“ Aber er meinte, dass es wohl nicht mehr durch den nächsten TÜV kommen würde, und drehte den Zündschlüssel herum. Doch unser Auto sprang nicht mehr an, auch nicht nach fünf Versuchen.

So standen wir nun zu später Stunde in einer dunklen, verlassenen Gegend und suchten vergeblich unser Handy, das ordentlich aufgeräumt zuhause in der Schublade lag. Weil ich fest auf

Gottes Hilfe vertraute, schickte ich einen Notruf zum Himmel. Während Michael die Motorhaube öffnete und die Startkabel an die Batterie anklemmte, beschloss ich, jemanden zu suchen, der uns Starthilfe geben könnte. Allerdings erschien mir das in dieser menschenleeren Gegend nicht so einfach.

Wie erleichtert war ich, als im nächsten Moment ein Fahrzeug auf den Parkplatz einbog. Wie vom Himmel geschickt, parkte es einige Meter neben uns vor der Halle des Autohändlers. Ein Mann stieg aus und ging in Richtung Halle. Überglücklich, dass gerade jetzt hier ein Auto auftauchte, lief ich in seine Richtung und fragte den Mann aus einiger Entfernung, ob er uns helfen könne.

Doch der Fremde drehte sich nicht zu mir um, sondern ging unbeirrt weiter auf die Halle zu, deren Tor sich vor ihm gerade öffnete. Dabei murmelte er leise: „Gleich!" Verwundert fragte ich mich, ob er mich verstanden hatte, und wie mir Michael anschließend bestätigte, kam es auch ihm komisch vor, wie der Fremde reagierte.

Fast augenblicklich kam der fremde Mann mit einem Gerät aus der Halle wieder heraus und ging, ohne ein Wort zu verlieren, schnell zur Motorhaube unseres Autos. Er klemmte zwei Kabel des Geräts an unsere Batterie, so dass wir unsere Startkabel gar nicht benötigten. Dann setzte er sich in unser Auto und startete es. Währenddessen nutzte ich die Gelegenheit, ihn genau anzuschauen: Er war jung, hatte weiche Gesichtszüge und blonde Haare. Mit leiser Stimme sagte er zu uns, dass die Batterie durch die Kälte in diesem Winter Schaden genommen habe und wir sie zuhause austauschen sollten.

Er entfernte sich so schnell wieder in Richtung Halle, dass ich ihm meinen Dank nur noch hinterherrufen konnte. Er sagte nichts darauf, sondern ging unbeirrt weiter und verschwand in der Halle.

Michael und ich fuhren gleich los. Etwas verwundert sagte mein Mann zu mir: „Da haben wir aber Glück gehabt!", worauf ich ihm zur Antwort gab: „Den hat uns Gott geschickt! Ohne Gebet wäre das bestimmt nicht so schnell gegangen!"

Himmlischer Straßenfege-Service

Nach einem langen Winter, in dem es viel geschneit hatte, lagen große Mengen Splitt auf den Straßen. In dem Ort, in dem wir damals lebten, mussten die Anwohner den Gehweg und die Straße vor dem Haus selbst reinigen. So war im Frühjahr der Splitt auf der Straße zusammenzukehren und zum Wertstoffhof zu bringen. Weil wir unten am Hang wohnten, dachte ich mir, dass das Kehren nur dann sinnvoll sei, wenn oben am Hang vor den unbebauten Grundstücken auch gekehrt würde; denn von oben wurde immer wieder Splitt durch fahrende Autos nach unten verfrachtet.

Mir graute jedoch vor dieser Arbeit: Erstens wegen des Hundedrecks im Splitt vor den unbebauten Grundstücken und zweitens wollte ich nicht viele Eimer Splitt vermischt mit Straßenkehricht in unserem Auto zum Wertstoffhof transportieren. So kehrte ich vorerst nur den Splitt auf dem Straßenabschnitt vor unserem Grundstück zum Gehweg hin und ließ ihn dort erst einmal liegen. Den Splitt, wie es einige andere Nachbarn taten, in die umliegenden Wiesen oder in die Mülltonne zu werfen, untersagte mir mein Umweltgewissen.

Dann kam mir eine Idee: „Ich kann ja nichts verlieren, wenn ich das Danken auch hier ausprobiere", dachte ich mir und bedankte mich im Voraus, dass die ganze Straße bereits sauber und vom Splitt befreit war. In den nächsten Tagen dankte ich immer wieder dafür, wenn ich daran dachte.

Etwa eine Woche nach meinem ersten Dankgebet wurde ich früh morgens auf ein Gemeindefahrzeug aufmerksam, das mit orangem Blinklicht dreimal vor unserem Haus auf- und abfuhr. Als ich verwundert hinausschaute, entdeckte ich zusätzlich drei Arbeiter, die von oben nach unten unsere ganze Straße kehrten und den Splitt in ihr Fahrzeug schaufelten. Vor unserem Haus fegte einer der Arbeiter sogar zusätzlich den Gehweg ganz ordentlich. Dabei fiel mir auf, dass er sehr jung aussah, feine Gesichtszüge und helle Haare hatte.

Freudig rief ich meinen Mann Michael, der unsere fleißigen Feger auch schon entdeckt hatte. Dann segnete ich die

Straßenfeger und lief zu meinem Christusbild im Wohnzimmer. Als ich dankend vor ihm stand, weil Gott uns von dieser Arbeit erlöst hatte, hörte ich in mir eine Stimme: „So wie diese Angelegenheit wird sich für euch auch alles andere, worum du dir noch Sorgen machst, zum Guten wenden.“ Diese Worte empfand ich als sehr wohltuend und beruhigend.

Nach diesem Erlebnis dachten Michael und ich zunächst, dass die Gemeinde vielleicht nun doch dazu übergegangen war, den Splitt selbst einzusammeln. Doch als wir die nächsten Tage und Wochen im Dorf spazieren gingen, stellten wir fest, dass die anderen Straßen nicht gekehrt waren; nicht einmal die benachbarte Straße, aus der die Straßenfeger gekommen waren. Dort lag vor bebauten und unbebauten Grundstücken noch wochenlang sehr viel Splitt. Diese Straße sah nach dem Erscheinen der Straßenfeger noch genauso aus wie vorher. Dagegen war unsere Straße blitzblank gefegt.

Langsam begannen wir, an ein Wunder zu glauben; auch deshalb, weil wir die drei Straßenfeger weder vorher noch nachher wieder gesehen haben. Besonders der junge Mann mit den feinen Gesichtszügen ist mir im Gedächtnis geblieben. Dagegen waren die uns bekannten Gemeindearbeiter deutlich älter. Im Jahr darauf wurde uns dieses Wunder noch einmal bestätigt. Wochenlang hielten wir Ausschau nach unseren fleißigen Fegern; aber sie kamen nicht, denn wir hatten nicht dafür gebetet.

Der Herr schenkt es den Seinen im Schlaf

Es gibt Menschen, die meinen, dass sie alles aus eigener Kraft schaffen müssen. Enorm fleißig arbeiten sie für ihr Ziel, reich und damit glücklich zu werden. Weil sie Gott nicht in ihr Tun einbeziehen, müssen sie wesentlich mehr arbeiten, als es mit Gottes Hilfe nötig wäre. Oft zahlen sie dafür den hohen Preis ihrer Gesundheit. Der ersehnte Lohn des glücklichen Lebens bleibt aus.

Was könnt ihr denn ohne den Herrn erreichen?
In aller Früh steht ihr auf
und arbeitet bis tief in die Nacht;
mit viel Mühe bringt ihr zusammen,
was ihr zum Leben braucht.
Seinen Freunden gibt Gott alles im Schlaf!
Psalm 127,2

Da lohnt es sich doch, Gottes Freund zu werden. Denn jeder, der schon einmal von Schmerzen geplagt war, weiß, dass an dem Spruch „Gesundheit ist nicht alles; aber ohne Gesundheit ist alles nichts“ etwas Wahres dran ist. Zum Wohlstand gehören nicht nur materielle Güter, sondern auch ein gesunder Körper, mit dem wir diese genießen können. Sparen wir uns lieber viel Mühe und lassen uns alles, was wir benötigen, durch Gottes große Güte schenken.

Nur von Gottes Segen hängt der Wohlstand ab,
eigene Mühe macht ihn nicht größer.
Sprichwörter 10,22

Ein himmlisches Instrument

Im Alter von drei Jahren begann ich auf dem Schoß meiner Mutter Klavier zu spielen. Seither liebe ich dieses Instrument und bin zu einem leidenschaftlichen Klavierspieler geworden; auch wenn ich einige Jahre kein Klavier hatte.

In unserer Studentenzeit bewohnten mein Mann Michael und ich zusammen ein Zimmer mit etwa zwölf Quadratmetern plus winzigem Bad und kleiner Kochnische. Hier war kein Platz für ein Klavier; abgesehen davon, dass wir überhaupt kein Geld dafür hatten. Nachts hatte ich schon Alpträume, in denen ich das Klavierspielen völlig verlernt hatte. Von Herzen wünschte ich mir wieder ein Klavier, aber es lag für mich in unerreichbar weiter Ferne.

Gott sei Dank kann Gott in jedes Herz schauen und kannte meinen Wunsch. So kam es, dass Michael und ich zu einer Wohnungsauflösung eingeladen wurden. Maria, eine ältere Dame, hatte die Wohnung ihrer Mutter auszuräumen und bot uns an, uns umzusehen, ob wir etwas für unseren jungen Haushalt gebrauchen könnten.

Michael und ich waren sehr zurückhaltend und wollten eigentlich schon wieder gehen, als uns Maria noch ins Wohnzimmer bat. Hier zeigte sie uns stolz, welche Hobbies ihre Mutter noch im hohen Alter ausgeübt hatte. Erst vor wenigen Jahren hatte sich ihre Mutter ein neues Klavier gekauft. Als ich vor dem Instrument stand, kam in mir der Wunsch auf, ein Lied darauf zu spielen. Da ich Maria, die ältere Dame, kaum kannte, fragte ich sie sehr vorsichtig um Erlaubnis. „Gerne“, freute sie sich, „spielen Sie!“

Genau ein Stück konnte ich noch auswendig. Es war aus dem Notenbüchlein für Anna Magdalena Bach. Die ältere Dame setzte sich in einen Sessel und hörte mir zu. Nach meinem Spiel lobte sie mich: „Ach, spielen Sie schön! Spielen Sie oft?“ „Nein“, antwortete ich, „ich habe kein Klavier.“ „Was?“, rief Maria entsetzt aus, „das ist ja schrecklich, ein Klavierspieler ohne Klavier!“

Dann erzählte sie uns, dass sich einer ihrer Bekannten für das Klavier interessiere. Er habe ihr dafür etwa die Hälfte des Neupreises angeboten. „Was sagen Sie zu diesem Angebot?“, wollte Maria von mir wissen. Ich zuckte mit den Schultern und meinte: „Ich kenne mich da nicht so gut aus, aber ich weiß, dass das Klavier einen hervorragenden Klang hat. Er ist hell strahlend und viel schöner als bei manchen anderen Klavieren. Ich glaube, Sie können das Klavier auch etwas teurer verkaufen.“

Nun wurde Maria still. Sie überlegte kurz und sagte dann euphorisch: „Ich verkaufe das Klavier meinem Bekannten nicht. Ich schenke es Ihnen!“ Völlig überrascht verschlug es mir fast die Sprache. Kopfschüttelnd protestierte ich: „Nein, nein, das kann ich nicht annehmen. Sie kennen mich doch gar nicht.“ „Doch“, sagte Maria jetzt sehr energisch, „ich habe mir das genau überlegt und will, dass Sie es annehmen!“ Ohne genau zu wissen, wie mir geschah, nahm ich dieses großartige Geschenk dann doch an; denn ich merkte, dass ich die ältere Dame sonst gekränkt hätte.

Weil unsere Wohnung zu klein war, ließen wir das Klavier unterstellen und holten es uns, als wir einige Zeit später in eine größere Wohnung umzogen.

Maria, die großzügige Dame, habe ich in meinem Leben nur an einem einzigen Tag gesehen. Es war der Tag, an dem sie mir dieses wundervolle Instrument schenkte. Sie hat uns damit ein riesiges Geschenk gemacht. Mir, weil ich wieder Klavier spielen konnte, und meinem Mann, weil er von nun an meine Lieder hörte. Denn eines Tages verriet er mir, dass er sich immer eine Frau gewünscht habe, die ihm am Klavier schöne Lieder vorspielte.

Das größte Geschenk hat uns Gott gemacht. Er zeigt uns damit, wie groß seine Güte ist und wie wundervoll er für uns sorgt. Deshalb spiele ich auf meinem Klavier seitdem am liebsten Loblieder für Gott. Gerade in der Zeit, in der ich sehr krank war, spielte ich mit voller Inbrunst diese Lieder; auch wenn ich meine

Finger nicht mehr abknicken konnte, meine Hände übersät von Eiterblasen und Wunden sehr schmerzten und dick eingesalbt in Handschuhen steckten. Wenn ich von den Tasten abrutschte, machte das nichts. Gott wusste ja, wie es sich anhören sollte. Heute darf ich mein Klavier mit völlig gesunden Händen spielen – und dafür bin ich Gott so dankbar!

Das doppelte Wunschauto

Es war ein eiskalter Winter. Unser 17 Jahre altes Auto, das uns bis dahin immer treu zur Seite stand, zeigte durch gehäufte Ausfälle und Reparaturen, dass wir uns nach etwas Neuem umschauen mussten. Ein ganz neues Auto ließ unser Geldbeutel nicht zu, deshalb suchten wir nach einem gebrauchten Fahrzeug. Mein Mann Michael und ich waren uns einig: Es sollte ein bestimmter Fahrzeugtyp mit einer bestimmten Ausstattung in unserer Wunschfarbe sein. Mehrere Wochen klapperten wir zahlreiche Autohändler ab. Aber nirgends war für uns etwas dabei. Dann fingen wir an, voller Vertrauen Gott im Voraus für unser schönes Wunschauto zu danken, das wir bereits ohne Schulden bekommen hatten.

Kurze Zeit später führte uns Michael zu einem Autohändler, der zwei Stunden von unserem Wohnort entfernt war. Ohne jemals vorher dort gewesen zu sein, meinte er, dass wir dort Glück haben könnten. Tatsächlich! Als wir an unserem Ziel ankamen, entdeckten wir dort unser Wunschauto, mit allen Details in unserer Wunschfarbe. Mein Mann schaute sich noch die anderen Angebote an, während ich wie angewurzelt nicht mehr von der Seite dieses Autos wich. „Das ist es", dachte ich mir fest überzeugt, „das ist unser Auto."

Nach kurzer Zeit kam Michael von seinem Rundgang zurück. Wir waren uns wieder einmal einig. Wir wünschten uns beide dieses Auto. Es gab nur ein großes Problem dabei: Der Preis war für uns viel zu hoch. Unsere gesamten Ersparnisse deckten gerade einmal ein Drittel des Kaufpreises ab.

Weil es ein Sonntag war, fuhren wir unverrichteter Dinge wieder nach Hause. Dort beteten und überlegten wir weiter. Ratenzahlung oder Schulden bei einer Bank kamen für uns nicht in Frage. Also privat Geld leihen, aber von wem? Meine Eltern hätten uns gerne das Geld geschenkt, aber sie hatten damals selbst keines. Doch mit ihrer Hilfe konnten wir uns den fehlenden Betrag von einem lieben Menschen privat zinslos leihen. Zudem kam am Montag, nur einen Tag nach unserem Besuch beim Autohändler, ein Anruf vom einem Auftraggeber, für den ich damals freiberuflich arbeitete. Er beauftragte mich mit einer Arbeit, die deutlich besser bezahlt war als alles, was ich zuvor für ihn gearbeitet hatte. Mit diesem Geld konnten wir schon einmal die ersten Raten zurückzahlen.

Am selben Tag noch riefen wir den Autohändler an und vereinbarten den Kauf. Bei der ersten Probefahrt saß ich überglücklich am Beifahrersitz und bewunderte dankbar den Luxus, den Gott uns mit diesem Auto geschenkt hatte. Nachdem wir die Hälfte unserer Schulden zurückgezahlt hatten, bekamen wir den Rest einfach erlassen. Aber Gott ließ es nicht nur bei diesem einen Wunschauto, das nun völlig bezahlt vor unserer Haustür stand. Kurze Zeit später bekamen wir aus einer Quelle, mit der wir überhaupt nicht gerechnet hatten, noch einmal genauso viel Geld geschenkt, wie das ganze Auto gekostet hatte!

Vorboten eines Wunders

Was wirst du tun, wenn dir ein geliebter Mensch aus einiger Entfernung zuruft, dass er deine Hilfe braucht? Wirst du da nicht sofort reagieren und rufen: „Ich komme, mein Liebling, ich bin schon unterwegs. Einen Moment noch, dann bin ich da und helfe dir!“ So willst du dem geliebten Menschen die Wartezeit verkürzen und deine Hilfe ankündigen.

Dasselbe will Gott, wenn du dein Gebet vertrauensvoll an ihn gerichtet hast. Weil er dich unbeschreiblich liebt, möchte er dich nicht im Ungewissen warten lassen. Deshalb wirst du erleben, dass Gott seine Wunder manchmal durch Vorboten ankündigt. Das kann auf verschiedene Weise geschehen. Gott ist sehr erfinderisch.

Wenn du dir zum Beispiel von ganzem Herzen wünschst, Gottes Welt zu sehen, kann Gott dir als Vorboten einen Engel schicken. Neben Maria, der Mutter von Jesus Christus, durften schon viele Menschen auch in heutiger Zeit solche Erfahrungen machen. Gott kann auch dir solch ein himmlisches Geschenk zukommen lassen, wenn du es willst. Vor deinen Augen wird er seine himmlische Welt offenbaren, wenn du mit ganzem Herzen nach ihm suchst.

Ihr müsst mich mit ganzem Herzen suchen,
dann lasse ich mich von euch finden.
Jeremia 29,13.14

Wenn du Gott immer wieder im Voraus dankst, dass er sich dir auch visuell zu erkennen gibt, wird der Vorhang zur geistigen

Welt irgendwann für dich aufgezogen werden. Dabei wirst du feststellen: Je mehr Liebe du im Herzen trägst, umso weiter und umso schneller wird der Vorhang zur Seite gezogen; denn als liebender Mensch bist du mit Gott eins. In diesem Zustand werden sich nicht nur deine kühnsten Träume erfüllen, sondern Gott lässt dich dann an seiner Weisheit und himmlischen Welt immer mehr teilhaben.

Gott ist Liebe.
Wer in der Liebe lebt,
der lebt in Gott, und Gott lebt in ihm.
1. Johannes 4,16

Ein einfaches Gebet, das deine Augen für die himmlische Welt öffnet, kann zum Beispiel lauten:

Danke, lieber Gott,
dass ich ganz erfüllt bin von deiner Liebe und
deine himmlische Welt mit großer Freude sehe.

Freue dich jetzt schon dankbar auf die lichtvollen Erlebnisse, die dir Gott zum richtigen Zeitpunkt schenken wird. Diese lassen sich nicht erzwingen, sondern sind große Geschenke Gottes. Seit Jahren bete ich dafür, dass mich Gott in seine wunderbare Welt schauen lässt.

Meine ersten Erfahrungen machte ich in Kirchen, als ich um die Köpfe der Betenden Lichtkränze wahrnahm. Erstaunt stellte ich fest, dass sie genauso aussahen wie die Heiligenscheine um die gemalten Heiligen an den Kirchenwänden. Ein anderes Mal durfte ich bei einem Konzert in einer Kirche beobachten, wie kleine Lichtwesen um die Musizierenden zur Musik tanzten. Es war ein sehr fröhliches Bild, das ich mit offenen und geschlossenen Augen sah.

Neben oder hinter Menschen, die über Gottes Wunder Zeugnis gaben oder in Kirchen predigten, durfte ich häufig große Lichtwesen wahrnehmen.

Seit einiger Zeit darf ich auch bei alltäglichen Situationen lichtvolle Engel an der Seite von Menschen sehen.

Die himmlischen Wesen können dir ihre Gegenwart auch über plötzliche Glücksgefühle oder Düfte bekunden. So nahm ich manchmal mitten im Winter, während ich gerade an meinen Kinderbüchern arbeitete, einen herrlichen Rosenduft wahr, obwohl es weit und breit keine Rose im ganzen Haus gab.

Für diese Gnade bin ich Gott unendlich dankbar, weil es einfach wunderbar ist, diese himmlischen Wesen auf unterschiedliche Weise wahrzunehmen und sie um sich zu wissen.

Die Fähigkeit, die geistige Welt Gottes zu hören, zu sehen, zu fühlen oder zu riechen, hat Gott jedem Menschen in die Wiege gelegt. Dafür brauchst du keine Begabung, Veranlagung oder jahrelange Ausbildung. Wenn du es von Herzen wünschst und dafür betest, wird Gott dir all das schenken. Als Krönung kann dir auch Jesus Christus höchst persönlich erscheinen. Solche lichtvollen Erfahrungen zählen zu den beglückendsten, die ein Mensch machen darf.

Grünes Licht für meinen Mann

Bereits seit drei Monaten kämpfte mein Mann Michael mit einer Erkältung. Weil er beruflich sehr eingespannt war, hatte er nicht die nötige Zeit, um sich auszukurieren. Zwar tat er sonst alles, was ihm möglich war, um wieder gesund zu werden; aber nichts schien zu helfen. Nachdem sämtliche natürliche Heilmittel und Heilmethoden seinen Gesundheitszustand einfach nicht verbesserten, wandten wir uns an Gott. Wir dankten ihm und seinen mächtigen Heilengeln im Voraus dafür, dass sie sich um die Gesundheit meines Mannes angenommen hatten. „Gebt mir ein Zeichen, dass mit Michael alles wieder gut wird. Danke!“, fügte ich unserem Gebet noch hinzu.

Es dauerte keinen Tag, bis Gott uns ein wunderbares Zeichen schickte. Michael saß gerade im Wohnzimmer auf unserem Sofa, als ich über ihm deutlich erkennbar vor der weißen Wand eine strahlend grüne Lichtkugel wahrnahm. Sie schwebte eine Zeit lang über dem Kopf meines Mannes und senkte sich dann auf Michael herab. Jetzt war sein gesamter Kopf- und Brustbereich durchstrahlt von diesem schönen Licht, das nun von grün auf leuchtend weißgelb wechselte. Kurz darauf verschwand es.

Die Lichterscheinung erzeugte ein Gefühl der Freude in mir. Erleichtert dachte ich daran, dass Gott uns die Gegenwart seiner Heilengel durch grüne Lichtkugeln anzeigen kann. „Dein Mann ist bald wieder gesund“, hörte ich eine Stimme in meinem Inneren zu mir sprechen. Dankbar für dieses ermutigende Erlebnis vertraute ich fest auf die Heilung meines Mannes.

Von nun an ging es spürbar bergauf. Schon nach wenigen Tagen fühlte sich Michael wesentlich besser und bald war er durch Gottes wunderbare Hilfe wieder völlig gesund.

Als Jesus Christus im Schlafzimmer erschien

Das vertrauensvolle Loslassen von Ängsten und Sorgen ist eine hohe Kunst. Gott sei Dank müssen wir sie nicht alleine lernen. Wie Gott einer Frau namens Camilla half, die jahrelang nicht loslassen konnte, liest du in ihrem außergewöhnlichen Bericht:

Es ist noch gar nicht so lange her, als ich ein sorgenvoller Perfektionist war. Ich glaubte, dass ich alles alleine machen müsse, weil nur ich es könne. Damit ich nichts falsch machte, kontrollierte ich meine Arbeit oft mehrere Male. Das kostete viel Zeit und wirkte sich negativ aus: Zum einen war ich mit meiner Arbeitsmenge unzufrieden, zum anderen blieb mir weniger Freizeit.

Um mir Freiräume zu schaffen, bot mir mein Mann Julian immer wieder seine Hilfe im Haushalt an; aber ich nahm sie nicht an. Zu groß war die Sorge, es könnte dann etwas nicht so ablaufen, wie ich es wollte. Irgendwie steckte ich in meinen Ängsten fest und war über mich selbst unglücklich. Deshalb suchte ich Hilfe bei Gott. Ich dankte ihm im Voraus, dass ich endlich loslassen könne. Zusätzlich sprach ich oft mit Jesus Christus und wünschte mir sehnlichst, ihn zu sehen. Gott half mir so schnell, wie ich es nie erwartet hätte; zudem auf eine Weise, mit der ich nicht gerechnet hatte. Doch im Nachhinein weiß ich, dass Gott bei mir eine harte Nuss zu knacken hatte und deshalb dieser Weg für mich nötig war.

So bekam ich kurz nach meinem Gebet einen Brechdurchfall, der mich für ganze zwei Wochen ans Bett band. Bald war ich so schwach, dass ich nicht einmal mehr mein Kissen selbst aufschütteln konnte. Während ich völlig erschöpft im Bett lag, sagte ich zu Gott: „Herr, wenn ich nun schon so tatenlos herumliegen muss, dann segne diese Zeit bitte kräftig und lasse etwas sehr Gutes daraus entstehen. Ich danke dir für alles!"

Jetzt durfte mein Mann Julian endlich einmal in unserem Haushalt arbeiten. Liebevoll versorgte er mich und alle übrigen Familienmitglieder. Dankbar nahm ich seine großartige Hilfe an. Wenn sich Sorgen in mir breit machen wollten, rief ich wieder Gott an und dankte ihm, dass er Julian bei allen Arbeiten perfekt führe. Das half mir, meine Sorgen loszulassen. Auf dieses geniale Gebet war ich vorher nie gekommen. Und es blieb mir nichts anderes übrig, als darauf zu vertrauen, weil ich selbst überhaupt nichts tun konnte.

Da ich tagsüber viel schlief, konnte ich abends oft nicht gleich einschlafen. Eines Abends, es war in der zweiten Woche meiner Krankheit, lag ich wieder wach im Bett, während mein Mann neben mir schon fest schlief. Weil er zuvor das Rollo geschlossen hatte, war es ganz dunkel im Zimmer. Plötzlich erschien an meinem Bettende ein strahlend helles Licht in ovaler Form. Darin erkannte ich Jesus Christus in Lebensgröße. Er sah mich freundlich und gütig an. Überglücklich sog ich dieses wunderbare Bild in mich auf. Vom ersten Moment der Erscheinung wusste ich, dass er es war. Endlich zeigte er sich mir. Als das hell strahlende Christusbild nach kurzer Zeit wieder verschwand, war ich von einer tiefen Ruhe erfüllt und hatte das Gefühl, dass mit mir alles gut werden würde. Dankbar schlief ich kurz darauf ein.

Die folgenden Tage besserte sich mein Gesundheitszustand sehr schnell und bald schon konnte ich wieder aufstehen. Beruhigt durfte ich nun sehen, dass Julian alles sehr gut gemacht hatte; besser hätte ich es nicht tun können. Es war reichlich eingekauft und der Kühlschrank ordentlich eingeräumt, alle waren bestens versorgt, die Zimmer waren aufgeräumt, sogar einige Wäsche war gewaschen. Allerdings war mein Mann froh, als ich die Hauptarbeit zuhause wieder übernahm, da es für ihn zusätzlich zu seinem Beruf eine große Belastung gewesen war.

Beide sehen wir es als großes Geschenk an, dass Gott in dieser Zeit den wunden Punkt in meiner Seele heilte. Seitdem fällt mir das Loslassen viel leichter, und ich kann mein Leben viel mehr genießen. Unser Familienleben ist seither viel entspannter. Julian darf in unserem Haushalt jetzt jederzeit schalten und walten, wie er will. Die Freiheit, die ich ihm durch Gottes Hilfe endlich lassen kann, schenkt auch mir den gewünschten Freiraum.

Falls die alte Angst wieder kommen will, gebe ich sie dankbar und vertrauensvoll an Gott ab. Ich bete dafür, dass er die anderen in allem führt. So kann ich mich entspannt anderen Beschäftigungen widmen.

Das wertvollste Geschenk, das Gott mir in diesen Tagen gemacht hat, ist die Christus-Erscheinung. Jetzt weiß ich, dass Jesus Christus wirklich bei uns Menschen ist, wenn wir ihn rufen.

Camilla

Gottes Liebe kann alles heilen

Gott ist Licht.
1. Johannes 1,5

Stelle dir vor, Gott richtet auf dich einen großen Scheinwerfer, der mit seinem angenehmen weißen Licht auf deinen Körper strahlt. Sobald das Licht seiner Liebe in dich einströmt, beginnt seine heilende Kraft in dir zu wirken. Lasse vor deinem inneren Auge jedes Körperteil, jedes Organ, jede Körperzelle im Licht baden.

Nutze diese göttliche Heilenergie, die dir Gott immer und überall schenkt, wenn du es willst. Mit seiner heilenden Kraft kann Gott dich selbst oder durch dich andere heilen. Stelle dir dann einfach vor, wie Gott seinen Scheinwerfer liebevoll auf den zu Heilenden richtet. Dabei ist es egal, welche Krankheit zu heilen ist, in welchem Krankheitsstadium sich der Kranke befindet oder wie alt er ist; denn Gott kann alles und jeden vollständig heilen.

Theresa, eine kranke ältere Frau, der die Medizin nicht mehr helfen konnte, sagte einmal zu mir: „Gott muss mich zuerst heilen, damit ich ihm vertrauen kann." Doch Gott will, dass wir den ersten Schritt machen: Zuerst müssen wir ihm vertrauen, erst dann kann er uns heilen.

Jesus Christus spricht:
... dein Glaube hat dich gesund gemacht;
geh hin in Frieden und sei gesund ...
Markus 5,34

Deshalb unterstützt du mit einem einfachen Gebet, das deinen Blick vertrauensvoll auf das gewünschte Ziel richtet, deine Heilung:

Danke, lieber Gott,
dass ich vollkommen gesund und heil bin
an Körper, Geist und Seele, jetzt und immer.

Du kannst das Gebet auch für andere sprechen, um deren Heilung zu unterstützen. Gib nicht auf, wenn sich nicht gleich eine Besserung einstellt. Mancher Heilungsprozess braucht Zeit. Du darfst dir sicher sein: Vom ersten Gebet an, das du vertrauensvoll an Gott richtest, beginnt er für dich zu arbeiten. Glaube fest an ein Wunder, dann darfst du es erleben! Vertraue darauf, dass Gott es zum richtigen Zeitpunkt geschehen lässt.

Als das Licht Gottes eine Fortbildungsreise „rettete"

Wie Silvia, eine junge Frau, die von starken Schmerzen geplagt war, mit Gottes Hilfe ihre Selbstheilungskräfte aktivierte, erfährst du in ihrem Bericht:

S Es war meine erste Fortbildungsreise. Zusammen mit anderen Kollegen war ich mit einem Bus in ein entlegenes Fortbildungszentrum gereist. Bereits kurz nach unserer Ankunft spürte ich plötzlich starke Schmerzen in meiner Blase. „Oh nein, nicht hier", dachte ich verzweifelt. Bisher war ich bei den ersten Anzeichen einer Blasenentzündung sofort zum Arzt gegangen, doch hier war es mir nicht so schnell möglich. Zudem wollte ich die Fortbildung, um die ich so gekämpft hatte, nicht versäumen.

Während ich mit Schmerzen im Vortragssaal saß, begann ich zu beten. Ich dankte Gott für sein heilendes Licht, das er direkt in meine Blase strahlte. Zudem stellte ich mir einen weißen Lichtkegel vor, der mich ganz einhüllte. Ich dankte Gott im Voraus, dass meine Blase wieder völlig gesund war.

Auch wenn die Schmerzen nicht gleich nachließen, gab ich nicht auf. Ich betete weiter und stellte mir das Licht ununterbrochen vor. Bald schon durfte ich seine wohltuende Wirkung spüren. Bereits nach etwa einer halben Stunde war ich schmerzfrei. Auch in den folgenden Tagen traten keine Schmerzen mehr auf. Gott hatte mich geheilt und dankbar konnte ich die Fortbildung bis zum Ende besuchen.

Silvia

Gute Medizin – ein göttliches Geschenk

Die Heilung von Silvia durch Gottes heilende Kraft ist kein Einzelfall. Schon viele Menschen einschließlich mir durften großartige Heilungswunder durch das Gebet erleben.

Allerdings will ich dich, liebe Leserin, lieber Leser, auf keinen Fall davon abhalten, medizinische Hilfe in Anspruch zu nehmen. Auch wenn ich davon überzeugt bin, dass Heilung allein von Gott kommt, dürfen wir gute Mediziner und Heilmittel als Geschenke Gottes betrachten. Sie sind seine Werkzeuge, die den Menschen dienen, wieder gesund zu werden.

Der Herr bringt ... die Heilmittel aus der Erde hervor.
Ein vernünftiger Mensch wird deshalb nicht zögern,
sie zu gebrauchen.
Gott hat den Menschen das Wissen um diese Heilmittel
gegeben, damit sie ihn für seine Wunder preisen.
Sirach 38,4.6

Bei manchen Erkrankungen oder Vorfällen, wie zum Beispiel einem Herzinfarkt, zählt jede Minute. Je schneller ein Arzt verständigt wird, desto größer ist die Überlebenschance. Auch ich wäre nicht mehr am Leben, wenn ich damals, als ich mein Kind verlor, nicht mit Blaulicht ins Krankenhaus gefahren und von guten Ärzten versorgt und operiert worden wäre.

Doch auch in solchen Fällen lohnt sich das Beten. Damals, als ich zuhause mit extrem starken Blutungen im Bett lag und durch das offene Fenster die Sirene des Krankenwagens hörte, beteten mein Mann Michael und ich zu Gott. Wir legten unser Schicksal und das unseres Kindes in Gottes Hand und dankten ihm dafür, dass er uns beste medizinische Versorgung schenkte. Das Gebet ließ mich trotz heftigster Schmerzen ruhig und gelassen werden.

Im Krankenhaus versorgte mich zunächst eine liebe und einfühlsame Ärztin und Gott regelte im Hintergrund für mich alles Weitere; denn wie ich später erfuhr, sollte mich ein Arzt operieren, mit dem ich bereits sehr schlechte Erfahrungen gemacht hatte. Er war wegen anderer Termine jedoch plötzlich verhindert, und Gott schickte mir einen netten und kompetenten Arzt, der mich gut operierte und auch in der folgenden Zeit bestens betreute.

Auf jeden Fall ist es empfehlenswert, das medizinische Personal zu segnen, damit es – von Gott geführt – dich zu deinem Besten behandelt. Segne auch die Arznei, die du zu dir nimmst. Deine zusätzlichen Gebete für Heilung beeinflussen den Verlauf der Behandlung und den Genesungsprozess sehr positiv. Es ist daher bei jeder Krankheit sinnvoll, Gott anzurufen und seine Heilkraft in uns wirken zu lassen.

Wie das Beispiel von Silvia zeigt, gibt es im Leben auch Situationen, in denen es nicht sofort möglich ist, einen Mediziner aufzusuchen. Gerade dann ist es wertvoll zu wissen, dass das Licht der Liebe uns heilen kann. Dies gilt ganz besonders auch für Krankheiten, bei denen die Medizin nach dem heutigen Wissensstand nicht helfen kann.

Wie Ohrgeräusche verschwinden

Seit Jahren plagten mich Ohrgeräusche, die vor allem bei Stress unerträglich laut wurden. Manchmal störten sie mich sogar beim Reden, da ich meine Stimme dadurch weniger gut hörte. Wenn ich mir Ruhe gönnte, wurden die Geräusche im Ohr leiser, verschwanden aber nie ganz. Manchmal wurden sie auch ohne äußeren Anlass plötzlich sehr laut.

Ärzte sagten mir, dass die Medizin bei Tinnitus in diesem fortgeschrittenen Stadium nichts mehr tun könne. Deshalb rief ich eines Tages Gott um Hilfe an. Immer wieder dankte ich ihm im Voraus, dass er mich von den Ohrgeräuschen befreit hatte. Tatsächlich funktionierte dies. Zunächst wurden die Geräusche deutlich leiser und verschwanden bald ganz. Nach vielen Jahren war ich endlich vom Tinnitus erlöst; und noch dazu so einfach.

Nur noch selten kommt es jetzt vor, dass die Geräusche wieder auftreten. Nachdem ich sie wieder dankbar im Gebet an Gott abgegeben habe, tritt wohltuende Ruhe in meinen Ohren ein.

Dem Schmerz die Zähne zeigen

Schmerzen beeinträchtigen die Lebensqualität sehr. Schmerzmittel können den Schmerz stark lindern oder stillen, aber je nach Inhaltsstoffen den Körper auch belasten. Ein hervorragendes schmerzstillendes Mittel ohne schädliche Nebenwirkungen ist das heilende Licht Gottes. Seine Nebenwirkungen sind Gesundheit und Wohlbefinden.

Dies durfte ich erfahren, als ich zahlreiche langwierige Zahnbehandlungen durchzustehen hatte. Meine Zahnärztin behandelte mich sehr professionell und vorsichtig. Sie warnte mich vor, dass die erforderlichen massiven Eingriffe jedoch erhebliche Schmerzen verursachen würden, wenn die Betäubungsmittel nachließen. Nach solchen Behandlungen käme kaum ein Patient ohne Schmerzmittel aus.

Zuhause angekommen, ruhte ich mich aus. Als das Betäubungsmittel nachließ, wusste ich, wovor mich die Zahnärztin warnen wollte. Die Schmerzen waren nahezu unerträglich. In meinem gesamten Kopf tobten sie so stark, dass es mir die Tränen in die Augen trieb.

Weil ich keine Schmerzmittel nehmen wollte, suchte ich Hilfe bei Gott. Ich dankte ihm im Voraus, dass ich völlig schmerzfrei und geheilt war. Meine Hand legte ich auf die Backe und stellte mir vor, wie weißes Licht vom Himmel in meinen Kopf und den ganzen Körper strahlte.

Die ersten zehn Minuten waren hart. Erst einmal merkte ich keine Besserung. Aber ich betete hartnäckig weiter und stellte mir vor, dass ich im Licht badete. Langsam wurden die Schmerzen erträglicher und nach 30 Minuten konnte ich sogar einschlafen. Als ich nach etwa 90 Minuten erwachte, hatte ich überhaupt keine Schmerzen mehr; auch nicht beim Essen.

Beim nächsten Besuch fragte mich meine Zahnärztin, wie es mir ergangen sei. Nach meinem Bericht meinte sie erstaunt, dass bei anderen Patienten nach solchen Behandlungen die Schmerzen oft einen Tag oder länger anhielten.

Auch nach den folgenden, zum Teil vierstündigen Eingriffen funktionierte das Danken im Voraus und das „Lichtbaden“ hervorragend. Gott erlöste mich jedes Mal schnell von allen Schmerzen.

Wie Gott vor Schmerzen bewahren kann, erzählt Carina, eine Frau Mitte fünfzig, die zuvor unter großen Schmerzen zu leiden hatte:

C Gott hat mir vier Weisheitszähne geschenkt. Als die ersten drei Zähne gezogen wurden, musste ich mich jedes Mal einer zwei- bis dreistündigen Prozedur unterziehen. Währenddessen und danach litt ich unter tobenden Schmerzen, die mir den Schweiß aus den Poren trieben. Nach allen drei Eingriffen brauchte ich Tage, bis ich mich davon wieder erholt hatte.

Beim vierten Weisheitszahn sollte alles besser werden. Im Vorfeld dankte ich Gott, dass diesmal der Zahn ganz schnell und leicht gezogen wurde und ich keinerlei Schmerzen hatte. Bevor ich die Zahnarztpraxis betrat, hüllte ich mich in weißes Licht ein, damit Gott mich vor Schmerzen bewahrte. Auch das Personal hüllte ich in dieses göttliche Licht ein, damit Gott sie perfekt führen und mithelfen konnte.

Das Ergebnis war phantastisch. Als die Zahnärztin an meinem Zahn zog, hatte sie ihn schon in der Hand. So dauerte das Zahnziehen nur etwa 15 Sekunden und war für mich völlig schmerzfrei. Auch in der folgenden Zeit traten keine Schmerzen auf. Fit und ohne den geringsten Schmerz ging ich heim und genoss den Tag.

Carina

Als sich Bauchkrämpfe im Licht auflösten

Wie wir Menschen zum heilbringenden Engel für andere werden können, zeigt das Erlebnis von Franziska, einer jungen Frau, die mit ihrem Freund Willi Urlaub in den Bergen machte:

F

Es waren herrliche Tage. Gemeinsam bestiegen wir jeden Tag einen anderen Berg und genossen die Gegend. Doch plötzlich ging es meinem Freund Willi sehr schlecht. Wir hatten gerade etwas gegessen und waren auf unser Zimmer gegangen, um uns auf den nächsten Ausflug vorzubereiten. Wie aus heiterem Himmel überfielen meinen Freund so starke Bauchkrämpfe, dass er vor Schmerz weinte. So etwas hatte ich bei ihm vorher noch nie erlebt.

Wir beschlossen, Gott um Hilfe anzurufen, und falls es nicht besser werden würde, einen Arzt aufzusuchen. Ich schlug Willi vor, sich aufs Bett zu legen, während ich für ihn laut betete. Dabei hielt ich eine Hand mit der Handfläche nach unten in geringer Entfernung über seinen Körper, die andere Hand streckte ich mit der Handfläche nach oben zum Himmel. „Herr“, bat ich, „lasse dein Licht durch mich in Willi fließen. Erfülle jede Zelle seines Körpers mit deinem heilenden Licht. Danke!“ Dann begann ich, eine „Lichtwanderung“ durch den Körper meines Freundes zu machen: Während ich meine Hand über das jeweilige Körperteil hielt, sprach ich zu ihm: „Dein Bauch ist ganz licht, ganz heil, deine Brust ist ganz licht, ganz heil, dein Kopf ist ganz licht, ganz heil, ...“ Dabei stellte ich mir seinen Körper durchstrahlt von göttlichem Licht vor.

Es erstaunte mich selbst, dass nach wenigen Minuten die Schmerzen und Krämpfe aufhörten. Willi schlief bald ein, während ich noch eine Zeit lang für ihn weiter betete. Nachdem er circa zwei Stunden geschlafen hatte, wachte er völlig erfrischt, schmerzfrei und fit auf. Er sprang aus dem Bett und meinte: „Komm, lass uns in die Berge gehen, das Wetter ist so schön.“ Erstaunt fragte ich ihn, ob er nicht ärztliche Hilfe brauche, worauf er mir antwortete: „Warum? Mir geht es hervorragend!“

Glücklich dankten wir Gott und genossen völlig gesund die restlichen Urlaubstage.

Franziska

Das Vogelkind-Wunder

Eines Morgens hörte ich einen heftigen Schlag gegen die Scheibe der Terrassentür. Dieses Geräusch kannte ich. „Oh je“, dachte ich mir, „jetzt ist etwas gegen die Scheibe geflogen.“ Gleich lief ich zur Tür, entdeckte zunächst aber nichts. Doch dann fiel mein Blick in den Blumenkasten, der an der Terrassentür stand. Entsetzt entdeckte ich zwischen meinen Pflanzen ein zerzaustes Federknäuel. Bei genauerem Hinsehen konnte ich den Kopf ausfindig machen. Ziemlich regungslos lag das Tier, es war wohl eine Amsel, in den Blumen.

Sofort dachte ich an den Vogel, den ich vor ein paar Monaten tot in meinem Blumenkasten gefunden hatte: „Nein, nicht schon wieder! Lieber Gott, bitte hilf dem armen Tier. Lasse es nicht sterben. Ich stehe dir zur Verfügung. Was kann ich tun? Führe mich, damit ich das Richtige mache, um den Vogel zu retten."

Weil ich das Gefühl hatte, dass es besser war, im Zimmer zu bleiben, ließ ich die Terrassentür zu. Ich setzte mich hinter die Glasscheibe der Tür und fing an, intensiv für den Vogel zu beten und mit dem Vogel in Gedanken zu reden: „Gott heilt dich jetzt, deine Flügel, deinen Kopf, deinen Bauch, deine Beine." Dabei stellte ich mir ein helles göttliches Licht vor, das auf den Vogel strahlte und ihn durchdrang. „Herr", rief ich Gott an, „erfülle jede Zelle des Vogels mit deinem Licht und deiner Liebe und heile den Vogel ganz." Dann rief ich den heiligen Geist an und sang ganz laut: „Oh komm herab, du heiliger Geist ... strahle hell ...", und dabei stellte ich mir wieder ein helles Licht vor, das auf den Vogel strahlte und ihn ganz durchdrang.

Schon nach kurzer Zeit stellte ich fest, dass der Vogel sich ganz leicht zu bewegen begann, wobei es eigentlich mehr ein leichtes Zucken war. Immer stärker begann er zu atmen. Jetzt öffnete er manchmal die Augen. Plötzlich „entknäulte" er sich, richtete sich auf und hüpfte vorsichtig ein ganz kleines Stück nach vorne. Glücklich sah ich durch die Scheibe zu und lobte ihn. Dann fiel er wieder in sich zusammen, schloss die Augen und fing an, mit weit aufgerissenem Schnabel lautlos zu hecheln. „Oh Gott", dachte ich mir, „lasse ihn nicht sterben. Lieber Gott, du musst etwas tun!" In meinem Inneren hörte ich: „Bete weiter, du musst weiterbeten!"

Also blieb ich weiter bei dem Vogel, betete, schickte ihm Licht und Liebe, sang ihm Lieder vor und redete mit ihm: „Ich will ganz groß von Gott für dich denken." Und obwohl der Zustand des Vogels unverändert war, sagte ich zu ihm: „Gott hat dich geheilt, du bist völlig gesund, du bist voller Lebenskraft, dein Leben beginnt jetzt neu." Ich dankte Gott dafür, dass der Vogel gesund weiterlebte, wieder fröhlich durch die Wiese hüpfte und flog; und dabei stellte ich es mir ganz fest vor.

Etwa eine halbe Stunde verbrachte ich so vor dem Vogel. Nach einiger Zeit schloss er den Schnabel wieder. Manchmal machte er jetzt kurz die Augen auf, und es kam mir vor, als ob er mich sehen könne. Dann schloss er sie erschöpft wieder. Sein Atem wurde immer stabiler. Weil ich kurz in die Küche musste, bat ich Jesus Christus, dass er den Vogel beschützend in seine Hände nahm und gut auf ihn aufpasste. In diesem Moment hatte ich das Gefühl, dass Jesus wirklich ganz nah da war.

Als ich nach einigen Minuten zurückkam, war alles wie vorher. Der Vogel hockte in sich zusammengefallen in den Blumen. Sein Kopf schaute oben heraus, sein Schnabel und seine Augen waren geschlossen und seine Atmung war stabil. Aber während er zuvor noch einen verschreckten, schockierten Eindruck gemacht hatte, war er nun von einer tiefen Ruhe umgeben. So empfand ich es.

Vertrauensvoll und eindringlich sagte ich zu Gott: „Lasse ihn bitte wieder hüpfen und fliegen; lass mich dieses Wunder erleben. Danke!“ Dem Vogel rief ich durch die Scheibe zu: „Steh auf, Gott hat dich geheilt, du bist gesund, flieg, lieber Vogel, flieg!“ Im nächsten Augenblick sah ich, wie der Vogel seine Augen aufschlug und mich ohne Scheu ansah. Dann richtete er sich auf, wackelte noch etwas auf seinen Beinen, bekam schließlich aber einen festen Stand und bewegte vorsichtig seine Flügel.

Wie er so vor mir stand, erkannte ich, dass es eine junge Amsel war. Weil ich schon einige Zeit beobachtet hatte, dass eine erwachsene Amsel mit einem Regenwurm im Schnabel verzweifelt in unserem Garten etwas suchte und immer hin und her flog, sagte ich zu dem Vogelkind: „Schau, da wartet wohl deine Mami auf dich. Flieg schnell hin!“

Kaum hatte ich das ausgesprochen, flog das Vogelkind, als wenn nichts gewesen wäre, aus meinem Blumenkasten und landete sanft auf der Wiese. Während es munter über die Wiese Richtung Beet hüpfte, folgte ihm die ältere Amsel sofort mit dem Regenwurm im Schnabel. Kurz darauf verschwanden beide zwischen den Beetpflanzen. In mir spürte ich eine riesige Freude. „Danke, danke, danke, lieber Gott!“, rief ich überglücklich aus. Innerhalb einer Stunde hatte Gott an dem Vogel ein Wunder geschehen lassen.

Am nächsten Morgen dachte ich an die junge Amsel und fragte mich, wie es ihr wohl gehe und ob sie noch lebe. Ich betete für sie und segnete sie. Als ich wenig später meinen Mann zur Tür begleitete und in unseren Vorgarten schaute, hockte eine junge Amsel auf dem Zaun und schaute mich an. Gleich erkannte ich sie an dem zerzausten Federkleid und freute mich, sie wieder zu sehen. Neben ihr entdeckte ich eine ältere Amsel auf dem Zaun.

Plötzlich hüpfte die junge Amsel auf mich zu. Nur wenige Schritte vor mir machte sie Halt und schaute mich an. Ich hatte das Gefühl, sie wollte mich begrüßen, und freute mich sehr. Dann verschwanden beide Amseln gemeinsam in den Pflanzen. Glücklich, dass ich Vogelkind und Vogelmutter gesund wiedersehen durfte, dankte ich Gott für seine große Gnade.

Du, Herr, hilfst Menschen und Tieren.
Deine Liebe ist unvergleichlich.
Psalm 36,7.8

Gott kann alles reparieren

Gott ist ein wahres Allround-Genie. Er kann nicht nur Krankheiten heilen, sondern er beherrscht auch die Kunst der Reparatur meisterlich. Dabei spielt es keine Rolle, ob es sich um Computer, Haushaltsgeräte oder Partnerschaften handelt; damit du ein solches Wunder erleben darfst, musst du Gott anrufen und seiner Macht fest vertrauen.

> Jesus Christus sagt selbst:
> *Wenn ihr Vertrauen zu Gott habt und nicht zweifelt,*
> *könnt ihr nicht nur tun, was ich ... getan habe.*
> *Ihr könnt dann sogar zu diesem Berg sagen:*
> *„Auf, stürze dich ins Meer!", und es wird geschehen.*
> Matthäus 21,21

Türe öffne dich!

Vor einiger Zeit knackste unsere Kühlschranktür beim Öffnen und Schließen sehr laut. Zudem ließ sie sich nicht mehr ganz öffnen, so dass wir die Schubladen des Kühlschranks nicht herausziehen konnten. Wenn wir die Tür schließen wollten, verhinderte ein Widerstand das völlige Schließen der Tür.

Im Vertrauen darauf, dass Gott auch technische Geräte reparieren kann, bedankte ich mich im Voraus, dass die Tür repariert und die Angelegenheit vollständig geheilt war. Daraufhin machte ich folgende Erfahrung: Wenn ich vor und während des Betätigens der Tür voller Vertrauen und Dankbarkeit war, ließ sich die Tür ohne Knacksen und ohne Widerstand ganz öffnen und schließen. Doch sobald wieder Zweifel in mir aufkamen und ich dachte: „Hoffentlich ist die Tür in Ordnung“, war das alte Problem wieder da: Die Tür knackste laut und ein starker Widerstand verhinderte das vollständige Öffnen und Schließen der Tür. Wenn ich dagegen erneut voller Vertrauen dankte, funktionierte die Tür wieder einwandfrei.

In mir hörte ich eine liebevolle Stimme, die zu mir sagte: „Die Kühlschranktür ist ein Übungsobjekt für dich, um völliges Vertrauen auf Gott zu lernen.“ Gott sei Dank funktioniert die Tür seitdem einwandfrei, ohne dass irgendjemand – außer Gott – eine Reparatur vorgenommen hat.

Es werde Licht!

Vor kurzem fiel die Glühbirne in unserem Kühlschrank aus. Da wir keine Ersatzbirne im Haus hatten und nicht gleich dazu kamen, eine neue Birne zu kaufen, blieb es im Kühlschrank erst einmal dunkel. Nach einigen Tagen sagte ich vertrauensvoll zu Gott, während ich bei geöffneter Tür in den dunklen Innenraum unseres Kühlschranks blickte: „Lieber Gott, ich weiß, dass du alles kannst. Zeig mir deine Macht und lass es jetzt sofort Licht werden in unserem Kühlschrank. Vielen Dank!“

> Da befahl Gott:
> *„Licht soll aufstrahlen!“,*
> *und es wurde hell.*
> 1. Mose 1,3

Was nun passierte, konnte ich kaum fassen: Direkt nach meinem Gebet begann die Glühbirne im Kühlschrank zu flackern und nach wenigen Sekunden hell und dauerhaft zu leuchten. Erstaunt lobte ich Gott und schloss die Kühlschranktür, um sie gleich wieder zu öffnen. Das Licht brannte bei geöffneter Tür nun wieder einwandfrei, obwohl es vor meinem Gebet tagelang dunkel in unserem Kühlschrank gewesen war. Als ich am nächsten Tag den Kühlschrank öffnete, brannte die Glühbirne nicht. Erneut sprach ich mein Gebet und tatsächlich ließ mich Gott dieses Wunder noch einmal erleben: Wieder erleuchtete das Licht der Glühbirne nach einem kurzen Flackern für einige Zeit hell strahlend unseren Kühlschrank.

Gott hatte Freude an dem Licht;
denn es war gut.
1. Mose 1,4

Gott macht es Freude, uns mit seinen Wundern zu überraschen; damit will er unseren Glauben an ihn stärken. Auch ich freute mich sehr und lobte Gott für seine Gnade, dass er mir auch in solch kleinen Dingen seine große Macht bewies. Jetzt dankte ich ihm im Voraus, dass unser Kühlschrank-Licht dauerhaft repariert ist. Nur einen Tag später besorgte mein Mann Michael, ohne dass ich ihn darum gebeten hatte, eine neue Glühbirne. Als er die alte Birne herausschraubte, sahen wir, dass sie schwarz und durchgebrannt war. Ehrfürchtig schaute ich mir die kaputte Glühbirne an, die Gott trotzdem noch zweimal zum Leuchten gebracht hatte.

Gott wirkt auch durch Menschen

Bei diesen und den folgenden Geräte-Wundern bin ich mir sicher, dass hier Gottes wunderbares Wirken für die Lösung des Problems verantwortlich war. Diese Gebetserhörungen habe ich in das Buch aufgenommen, weil ich dir zeigen möchte, was mit Gottes Hilfe alles möglich ist.

Allerdings möchte ich dich damit auf keinen Fall ermutigen, mit defekten Geräten weiterzuarbeiten. Im Zweifelsfall lasse ein defektes Gerät deiner Sicherheit zuliebe von einem Fachbetrieb reparieren oder austauschen. Auch wenn ich von der Größe Gottes überzeugt bin und ihm alles Gute zutraue, ist es trotzdem in der Regel sehr ratsam, die Hilfe einer menschlichen Fachkraft in Anspruch zu nehmen. Du kannst Gottes Hilfe auch dabei einbeziehen, indem du betest, dass Gott dir eine gute Fachkraft schickt oder dich bei der Auswahl geeigneter Firmen weise führt. Du kannst den Reparateur und seine Arbeit segnen und dich bei Gott vorab bedanken, dass alles bereits wieder in bester Ordnung ist.

Wie Gott unseren „fleißigen Küchenhelfer" zum Laufen brachte

Unsere Spülmaschine lief gerade. Als sie das erste Mal während des Programms abpumpen wollte, stoppte das Programm und die Fehleranzeige „Zu-/Ablauf" blinkte auf. Da ich den Wasserhahn für die Spülmaschine ordnungsgemäß aufgedreht hatte und das Wasser zu Beginn des Programms wie immer eingelaufen war, konnte es nur am Wasserablauf liegen. Nachdem ich kurz gewartet hatte und die Fehleranzeige unverändert aufleuchtete, schaltete ich die Maschine aus und startete das Programm noch einmal von vorne. „Vielleicht habe ich ja beim zweiten Versuch Glück", dachte ich mir. Zunächst lief alles wieder programmgemäß. Doch wie beim ersten Mal stoppte das Programm wieder an der gleichen Stelle mit derselben Fehleranzeige.

„Oh je", dachte ich mir, „da muss ich wohl den Kundendienst verständigen." Weil ich jedoch mit anderen Haushaltsgeräten schon wunderbare Gebetserhörungen erleben durfte, beschloss ich, zuvor mich an Gott zu wenden. Deshalb setzte ich mich vor die Spülmaschine und begann zu beten. Ich dankte voller Vertrauen Gott im Voraus, dass die Spülmaschine und der Wasserablauf bereits wieder einwandfrei funktionierten. Nachdem ich etwa zehn Minuten so vor der Spülmaschine verbracht hatte, durfte ich ein Wunder erleben: Als wenn nichts gewesen wäre, funktionierte die Maschine plötzlich wieder völlig einwandfrei. Erleichtert lobte ich Gott, weil er meinen „fleißigen Küchenhelfer" wieder zum Laufen gebracht hatte.

Seither habe ich es mir angewöhnt, die Spülmaschine, andere Hausgeräte und das ganze Haus zu segnen und Gott dafür zu danken, dass alles bestens funktioniert. Bis heute hat Gott diese Gebete wunderbar erhört.

Überströmendes Vertrauen schenkt lebendiges Wasser

... alle, die auf den Herrn vertrauen,
bekommen immer wieder neue Kraft, ...
Jesaja 40,31

Gott liebt es, wenn du ihm dein Vertrauen entgegenströmen lässt. Er wird dich dafür reich belohnen – mit der Kraft des Heiligen Geistes, die er über dich ausgießt, und den „Strömen des lebendigen Wassers“, das er in dein Leben fließen lässt.

Dass Gott sogar das Wasser in „toten“ Wasserkochern lebendig machen kann, zeigte er meinem Mann und mir, als unser Wasserkocher den Geist aufgegeben hatte. Damals ließ sich das Gerät nicht mehr einschalten. Wenn wir den Einschaltknopf betätigten, rührte sich nichts. Nach mehreren Versuchen an mehreren Tagen gaben wir es schließlich auf und beschlossen, unser Ersatzgerät aus dem Schrank zu holen.

Plötzlich kam mir die Idee, es zuvor noch einmal mit Gott zu probieren. Kurz dankte ich ihm vorab, dass unser Wasserkocher wieder einwandfrei funktionierte. Dann machte mein Mann Michael einen erneuten Versuch, das Gerät einzuschalten. Als er jetzt den Schalter betätigte, fing der Wasserkocher wie früher sofort an, das Wasser zu erhitzen. Glücklich und dankbar standen wir beide vor dem Gerät und freuten uns über den göttlichen Reparatur-Service. Diesen Wasserkocher verwenden wir bis heute, und Gott sei Dank funktioniert er seither wieder einwandfrei.

Mit göttlicher Hilfe nach oben gekommen

Gerade hatte ich unsere Waschmaschine befüllt und eine neue Waschmittel-Packung aufgeschnitten. Weil ich etwas ungeschickt war, fiel mir der abgeschnittene Kunststoffstreifen der Packung in die Waschmaschine und rutschte durch den schmalen Schlitz neben der Trommel in die Tiefe unseres Topladers.

Ein Schreck durchfuhr mich. „Wie bekomme ich den Streifen wieder heraus?", fragte ich mich. Das Drehen der Trommel brachte ihn jedenfalls nicht mit nach oben. Gleich rief ich Gott um Hilfe an. Natürlich wusste ich, dass es höchst unwahrscheinlich war, dass der Streifen wieder nach oben kam, doch ich vertraute auf Gottes Allmacht. Dann schaltete ich die Maschine ein und erwartete das Wunder. Fest stellte ich mir vor, dass der Kunststoffstreifen beim Waschen und Schleudern nach oben befördert wurde und in einer der Nischen zwischen Trommel und Deckel hängenblieb. Mit einem Ohr war ich dabei, als die Maschine lief, und betete, dass sie keinen Schaden durch den Kunststoffstreifen nahm. Gott sei Dank lief sie auch mit diesem Streifen ganz normal. Als der Waschgang beendet war, öffnete ich den Deckel und schaute gespannt in die Maschine; doch nirgends war der Streifen zu sehen.

Deshalb betete ich bei jedem der folgenden Waschgänge und stellte mir hartnäckig vor, dass der Streifen nach dem Waschen in der hinteren Nische zwischen Trommel und Deckel lag. Das Waschen funktionierte gut, doch der Streifen erschien nicht. Nach dem vierten Waschen hatte ich mich damit abgefunden, dass der Streifen wohl in der Maschine bleiben würde, und ich war für jeden Waschgang dankbar.

Doch dann geschah es. Es war ein Samstagnachmittag. Ich wollte noch schnell die Wäsche aufhängen, um dann meinen Mann von der Arbeit abzuholen. Als ich mit dem Aufhängen fertig war, schaute ich noch einmal in die Maschine. Ehrlich gesagt wusste ich nicht, warum ich das tat, denn an den Streifen dachte ich zu diesem Zeitpunkt nicht. Ich schaute in die hintere Nische zwischen Trommel und Deckel und entdeckte dort etwas Weißes.

„Was ist das?“, dachte ich und zupfte es ahnungslos heraus, denn an den Streifen dachte ich immer noch nicht. Beim genaueren Betrachten konnte ich es kaum fassen: Ich hatte den Kunststoffstreifen in der Hand!

Mit Freudentränen in den Augen dankte ich Gott für seine Gnade und empfand sie als großes Zeichen seiner Liebe zu mir. Aus mehreren Gründen bin ich überzeugt, dass hier Gott am Werk war: Erstens ist es sehr unwahrscheinlich, dass der Streifen überhaupt nach oben gespült wird und zweitens, dass er dann in diesem Zwischenraum hängenbleibt und nicht durch die Drehbewegung der Trommel spätestens beim Parken der Trommel wieder mit nach unten gezogen wird. Drittens gibt es vier Nischen über der Trommel: vorne, hinten, links und rechts. Im Gebet habe ich mir immer vorgestellt, dass der Streifen hinten liegt. Genau so ist es eingetreten. Viertens hat Gott dafür gesorgt, dass ich sein Wunder bemerkt habe: Wenn ich nicht gerade nach diesem Waschgang in genau diese Ecke der Maschine geschaut hätte, wäre der Streifen wahrscheinlich beim nächsten Waschen oder Schleudern wieder mit nach unten gezogen worden. Aber Gott führte mich noch einmal zur Maschine, nachdem ich während des Ausräumens der Trommel den Streifen in der Nische nicht bemerkt hatte.

Himmlischer Computerdienst

Eines Tages erzählte mir mein Mann Michael, als er mittags zum Essen nach Hause kam, dass die Computeranlage in seiner Arbeit schon den ganzen Vormittag lang nicht funktionierte. Sowohl die Computerspezialisten seines Arbeitgebers als auch die Fachkräfte der Herstellerfirmen konnten die Ursache nicht finden und waren ratlos.

Deshalb beteten Michael und ich voller Dank dafür, dass „alle Fehler bereits behoben sind und die gesamte Computeranlage wieder einwandfrei funktioniert“. Als mein Mann am Ende seiner Mittagspause bei seinem Arbeitgeber eintraf, erfuhr er, dass die Anlage seit kurzem wieder bestens funktionierte. Wie ihm die Computerspezialisten erzählten, wusste keiner, was der Grund für die Störung am Vormittag gewesen war; plötzlich lief die Anlage von selbst wieder ohne Probleme.

Michael und ich glauben, dass Gott hier wunderbar gewirkt hat. Auch zahlreiche Erlebnisse unserer Freunde zeigen, dass Gott ein Fachmann in allen Computerfragen ist und Hard- und Software-Probleme auf wundervolle Weise schnell lösen kann, wenn wir Menschen ihn anrufen.

Göttlicher Reparatur-Service für Paare

Auch in allen Fragen der Partnerschaft ist Gott der beste Ratgeber und Vermittler. Gott wünscht sich, dass du in deiner Partnerschaft glücklich bist; er möchte dazu alles ihm Mögliche tun. Da Gott einfach alles möglich ist, empfiehlt es sich, ihn auch hier einzubeziehen.

Danke deshalb Gott regelmäßig im Voraus für deine glückliche Partnerschaft; dann wird er sie dir schenken. Entweder wird er deine bestehende Beziehung in allen wunden Punkten heilen oder die alte lösen und dir dann einen neuen Partner schenken, der göttlich ausgewählt bestens zu dir passt.

Schon oft durften mein Mann Michael und ich Gottes wundervolles Wirken in unserer Ehe erleben. Seitdem ich mich für eine glückliche Partnerschaft bedanke, schenkt uns Gott immer noch mehr Liebe zueinander; seither leben wir auch harmonischer und friedlicher miteinander. Falls wir uns doch einmal streiten, hilft uns Gott – nach meinem Dank für Harmonie – jedes Mal sehr schnell. Innerhalb weniger Minuten versöhnen wir uns wieder, ohne dass negative Gefühle oder Erinnerungen an den Streit zurückbleiben.

Du kannst auch anderen helfen, eine glückliche Ehe zu führen. Vor einigen Jahren ließ mich Gott ein solches Ehewunder miterleben. Eines Tages traf ich eine Frau namens Anita, die mir ihre Unzufriedenheit über ihre Ehe schilderte und über ihren

Mann schimpfte. Als ich ihre Worte hörte, betete ich im Stillen. Ich dankte Gott im Voraus, dass er ihre Ehe reich segnete und Anitas Augen für die guten Seiten ihres Mannes wieder öffnete. Nur einen Tag später kam Anita freudig auf mich zu und sagte: „Ich weiß nicht, was mit mir passiert ist. Ich bin jetzt wieder richtig verliebt in meinen Mann und freue mich sehr auf ihn, wenn er heute Abend heimkommt. Das war schon lange nicht mehr so."

Als ich das hörte, lobte ich Gott in Gedanken. Anita hatte ich nichts von meinem Gebet erzählt. Ich freute mich mit ihr sehr und war überrascht, wie schnell Gott mein Gebet erhört hatte. Es war ein großes Geschenk für mich, dass Gott mir die freudige Nachricht durch Anita selbst mitteilte.

Lasst uns Gott danken für sein Geschenk!
Es ist so groß,
dass man es gar nicht beschreiben kann.
2. Korinther 9,15

Verwunderliches als Beginn eines Wunders

Gott erhört deine Gebete! Denn er liebt dich und freut sich, wenn du dich vertrauensvoll an ihn wendest. Doch kann es vorkommen, dass du erst einmal negativ überrascht bist, wie Gott auf deine Gebete reagiert. Aber bleibe im Vertrauen, dass er alles gut für dich macht, auch wenn es zunächst gar nicht so aussieht. Die positive Überraschung folgt bestimmt! Mehrmals habe ich dies bereits selbst erlebt. Gott hat dabei jedes Mal wunderbar für uns gewirkt.

Die überraschende Heilung meines Mannes

Es war Herbst. Eines Tages kam in mir das Gefühl auf, ich solle für die Gesundheit meines lieben Mannes Michael beten. Er sah damals zwar nicht krank aus, aber ich dachte mir, so ein Gebet ist immer gut. Also dankte ich Gott im Voraus, dass „Michael völlig gesund und heil ist". Doch dann geschah etwas, das ich erst einmal gar nicht verstand.

Zwei Wochen nach meinem Gebet bekam mein Mann nachts solche kolikartigen Schmerzen mit Zittern, Schweißausbruch und Übelkeit, dass ich ihn zum Notdienst habenden Arzt fahren musste. Plötzlich ging es Michael, der vorher längere Zeit gesund aussah, ziemlich schlecht. In den folgenden Wochen wurde er von zwei Ärzten behandelt, von denen jeder eine andere Diagnose stellte. Er bekam starke Arzneimittel verschrieben. Sein Gesundheitszustand jedoch verschlechterte sich zunehmend, anstatt sich zu verbessern.

In meiner Sorge um meinen Mann rief ich zu Gott: „Herr, ich verstehe das nicht! Ich habe dir gedankt, dass Michael gesund ist, und kurz darauf kommt diese Krankheit, von der wir noch nicht einmal genau die Ursache wissen! Warum lässt du das zu?“ Trotzdem dankte ich Gott im Voraus hartnäckig weiter, dass „mein Mann ganz gesund und heil ist“.

Ein Vierteljahr später fand eine Heilpraktikerin die wahre Ursache heraus. Kurz nach meinem ersten Gebet im Herbst hatte sich Michael eine Lebensmittelvergiftung zugezogen, die beide Ärzte nicht erkannt hatten. Im Laufe der Behandlung durch die Heilpraktikerin stellte sich zudem heraus, dass mein Mann seit seiner Geburt an einer Organ-Erkrankung litt, die bisher unerkannt und ohne deutliche Symptome war.

Unter Anleitung der Heilpraktikerin kurierten wir die Krankheit nun über drei Jahre lang aus. Bei einer der späteren Untersuchungen sagte sie zu Michael: „Das war wirklich ‚kurz vor zwölf‘, dass diese Behandlung bei Ihnen durchgeführt wurde. Ich bin sehr froh, dass Sie alle Maßnahmen tapfer durchgestanden haben und dass sich Ihr Organ wieder sehr gut regeneriert hat. Wäre die Krankheit weiter unentdeckt geblieben, wären Sie bald sehr krank geworden, und Ihre Lebenserwartung wäre deutlich kürzer gewesen!“

Jetzt ging mir ein Licht auf. Dankbar dachte ich: „Danke, lieber Gott, jetzt verstehe ich, warum die Lebensmittelvergiftung sein musste. Sie hat uns zu dieser Heilpraktikerin geführt und uns auf die gefährliche Organ-Erkrankung aufmerksam gemacht. Danke, lieber Gott, dass du meinen Mann gerettet und geheilt hast!“ Mein Dank hält bis heute an und während ich diese Zeilen schreibe, stehen mir Tränen der Erleichterung in den Augen.

Die rettende Schraube im Autoreifen

Es war Winter. Im vorangegangenen Herbst hatte sich mein Mann die oben beschriebene Lebensmittelvergiftung zugezogen, die zu diesem Zeitpunkt noch nicht als solche erkannt war. Der Arzt, der Michael damals behandelte, verordnete ihm aufgrund einer Fehldiagnose fälschlicherweise starke Medikamente. Weil diese Arznei die Fahrtüchtigkeit meines Mannes einschränkte, brachte ich Michael täglich mit dem Auto in die Arbeit und holte ihn wieder ab.

In dieser Zeit fuhr ich mit einem Autoreifen in eine Schraube, ohne es zu merken. Die Schraube steckte fest im Reifen und verschloss das Loch, das sie in den Reifen gebohrt hatte. Wenige Tage später war Weihnachten.

Am 24. Dezember vormittags machten wir uns, immer noch nichts ahnend, mit dem Auto auf den Weg in die Stadt. Wir wollten auf dem Wochenmarkt noch ein paar Lebensmittel für die Feiertage einkaufen. Unterwegs hielten wir an einer Tankstelle, um den Luftdruck der Reifen zu prüfen, da wir zwei Tage später eine längere Reise vor uns hatten. Wir hatten vor, mehrere hundert Kilometer entfernt Verwandte zu besuchen.

Als Michael die vier Autoreifen mit dem Luftdruckmessgerät prüfte, war der Luftdruck in allen vier Reifen in Ordnung. Doch plötzlich fiel der Blick meines Mannes auf etwas Silbernes im hinteren Reifen. Er erkannte es als Schraube und drehte sie heraus. Natürlich verließ die Luft den Reifen sofort in Windeseile.

Entsetzt stand ich vor dem platten Reifen. Da in der vergangenen Zeit nur ich Auto gefahren war, dachte ich mir: „So etwas muss natürlich wieder mir passieren!" Im gleichen Moment richtete ich empört meine Gedanken zu Gott: „Herr, was soll das? Ich danke dir jeden Tag dafür, dass du uns immer beschützt und Unheil von uns fernhältst! Und jetzt dieser Platten an Weihnachten, kurz vor unserer großen Reise!"

Der Versuch, das Loch im Reifen fachmännisch zu verschließen und den Reifen wieder aufzupumpen, blieb erfolglos. Also mussten wir das Rad wechseln. Etwas verzweifelt schaute ich auf die Uhr, während sich Michael mit einer Radschraube abmühte, die nicht aufgehen wollte. Bald würden der Wochenmarkt und die Geschäfte schließen und unser Kühlschrank war leer. Deshalb betete ich inbrünstig: „Danke, lieber Gott, dass der Reifen bereits gewechselt ist und wir alle Lebensmittel noch bekommen haben!“

Wenig später war das Rad gewechselt und wir fuhren in die Stadt. Kurz vor Ladenschluss sausten wir in die Geschäfte und bekamen Gott sei Dank alles, was wir brauchten.

Als wir nach den Feiertagen wohlbehalten von unseren Verwandtenbesuchen wieder zurück waren, brachten wir den platten Reifen zum Reifenhändler. Dieser meinte, er würde den Reifen reparieren; dann könnten wir wieder damit fahren. Doch beim Überprüfen des Reifens stellte sich heraus, dass dieser Reifen schwer beschädigt war. Dieser Schaden war nur von innen zu sehen. Deshalb raunzte uns der Händler an: „Sie sind wohl im platten Zustand mit dem Reifen gefahren! Deshalb ist eine Reparatur nicht sinnvoll. Der Reifen ist so beschädigt, dass er bei der nächsten Autobahnfahrt sicher geplatzt wäre!“ Erschrocken und gleichzeitig erleichtert schauten Michael und ich uns an. Denn wir wussten ganz sicher, dass wir mit diesem Reifen nicht im platten Zustand gefahren waren.

Wir hatten unser Auto im vorangegangenen Frühjahr mit Sommerreifen gebraucht gekauft. Der Autohändler gab uns gebrauchte Winterreifen dazu, die wir im Spätherbst montiert hatten. Bisher waren wir mit diesen Winterreifen nur Kurzstrecken und nicht auf der Autobahn gefahren. Die Schädigung des Reifens musste also beim Vorbesitzer entstanden sein.

Mit der Schraube hat Gott diesen Reifen aus dem Verkehr gezogen und uns vor einem schlimmen Unfall auf der Autobahn bewahrt. Dankbar lobten wir Gott, als uns dieses Licht aufging.

Gott öffnet verschlossene Türen

Wenn wir unsere Wünsche vor Gott bringen, können sich Türen öffnen, die vorher fest verschlossen waren. Gott wirkt dann auf andere Menschen ein und macht sie plötzlich offen für unsere Anliegen.

Aus alten Löffeln wurden neue Teller

Zu Beginn unserer Partnerschaft kauften Michael und ich für unseren jungen Haushalt ein Besteck. Es sollte am besten unser Leben lang halten, weshalb wir ein Modell ganz aus Edelstahl wählten. Bald jedoch stellte sich heraus, dass ich eine starke Nickelallergie hatte und Metalle mit Nickel meiden sollte. Deshalb kauften wir zusätzlich für mich ein Besteck mit Kunststoffgriffen von einer namhaften Firma. Qualität war uns wichtig, auch wenn wir damals nicht so viel Geld hatten.

Es dauerte jedoch nicht lange, bis das Kunststoffbesteck seine ersten Schwächen zeigte. Die Kunststoffgriffe verfärbten sich und lösten sich vom vorderen Besteckteil ab. An den Metallteilen löste sich vereinzelt die obere Schicht in Form von Metallblättchen ab. Das Besteck war nach sechs Jahren völlig unbrauchbar, obwohl wir das Besteck kaum benutzt hatten; denn die Symptome der Nickelallergie verschwanden Gott sei Dank nach einiger Zeit durch unsere Gebete um Heilung.

Das kaputte Besteck verbannte ich zuerst einmal in den Keller, bis Michael mich mehrmals dazu aufforderte, es zu reklamieren. Zunächst wehrte ich mich dagegen, weil ich keine Arbeit damit haben wollte. Ich meinte, dass nach sechs Jahren wohl nicht mehr viel zu machen sei. Zudem war die Rechnung nicht mehr aufzufinden und wir wohnten seit dem letzten Umzug bereits viele hundert Kilometer vom Kaufort entfernt.

Auf Drängen meines Mannes holte ich das Besteck schließlich doch aus dem Keller, und gemeinsam trugen wir es zum nächsten Fachgeschäft. Weil wir dort schon einige andere Haushaltsartikel gekauft hatten, reklamierte die Verkäuferin das Besteck auch ohne Rechnung bei der Herstellerfirma. Nach ein paar Wochen rief sie uns an, wir sollten unser Besteck wieder abholen. Es sei nur zurückgeschickt, aber nicht ausgetauscht worden. Die Herstellerfirma meinte, nach so vielen Jahren seien diese Gebrauchsspuren normal. Sie weigerte sich, uns die kaputten Teile durch neue zu ersetzen. Auch unseren Vorschlag, uns einen Nachlass beim Kauf eines anderen Bestecks zu gewähren, lehnte die Herstellerfirma ab. „Da könne man nichts machen", meinte die Verkäuferin, die ihr Bestes für uns getan hatte. Sie verabschiedete uns mit den Worten: „Vielleicht probieren Sie es noch einmal selbst", und gab uns die Adresse des Herstellers mit nach Hause.

Eigentlich hatte ich keine Lust mehr, mich weiter mit diesem Besteck zu beschäftigen. Für mich war die Sache erfolglos erledigt. Doch Michael ließ mir damit keine Ruhe. Nach Wochen setzte ich mich ziemlich widerwillig hin und begann, einen Brief an die Herstellerfirma zu schreiben.

„Lieber Gott", dachte ich mir, „wenn ich meine kostbare Zeit nun schon mit so etwas verbringen soll, dann danke ich dir jetzt, dass du mir beim Schreiben hilfst, damit es schnell geht. Und ich danke dir bereits jetzt, dass du etwas Gutes daraus entstehen hast lassen. Am liebsten wäre es mir, wenn wir nicht die kaputten Besteckteile ersetzt, sondern eine Gutschrift für andere Artikel dieser Firma bekommen würden." Dabei dachte ich an weitere Teile für unser Geschirr, das von derselben Firma produziert wurde.

Der Brief mit meinen Forderungen war schnell verfasst, das Päckchen mit einigen kaputten Besteckteilen bald gepackt und abgeschickt. Zwei Wochen später erhielt ich ein Schreiben von der Herstellerfirma mit folgender Nachricht: „Eine Gutschrift ist nicht möglich, aber wenn Sie das gesamte Besteck beim Fachhändler abgeben, dann erhalten Sie dort ein komplett neues Besteck vom gleichen Typ."

„Es geht also doch", dachte ich mir und freute mich über diesen Erfolg. Zwar wollte ich das gleiche Besteck nicht noch einmal, da mein Vertrauen in dieses Produkt auf Null gesunken war, auch wenn mir der Hersteller versicherte, dass sie das Herstellungsverfahren geändert hätten. Dennoch packten wir die restlichen Teile ein und brachten sie ins Fachgeschäft. Dann hörten wir mehrere Wochen nichts mehr, weder vom Fachhändler noch vom Hersteller.

Deshalb dankte ich Gott noch einmal im Voraus, dass er für uns die Angelegenheit zu unserem Besten gelöst hatte. Kurz nach meinem Gebet klingelte das Telefon und der Fachhändler machte uns folgenden Vorschlag: Anstatt des Umtauschs in ein neues Besteck könne er uns auch eine Gutschrift für andere Artikel dieser Firma ausstellen, natürlich in Höhe des Neuwerts des Bestecks. Ich war begeistert und bestellte sofort ein paar Teller und Tassen passend zu unserem Geschirr.

Einige Wochen später rief der Händler wieder an und meinte: „Der Hersteller hat Lieferschwierigkeiten mit den bestellten Teilen. Um nicht länger warten zu müssen, können Sie gleich zu mir kommen. Ich zahle Ihnen jetzt den Neupreis des reklamierten Bestecks aus. Davon können Sie später die bestellten Geschirrteile kaufen oder nicht, wie Sie wollen. Sie haben dann auf jeden Fall schon mal das Geld, und die Sache ist für Sie erledigt."

Fast sprachlos holten wir uns das Geld ab. Es war wirklich der Neupreis des Bestecks ohne auch nur den geringsten Abschlag dafür, dass wir das Besteck in den ersten Jahren nutzen konnten. Fairerweise kauften wir dem Händler die bestellten Geschirrteile ab, als sie Wochen später lieferbar waren.

Mit Gott taucht Verschwundenes wieder auf

Früher suchten mein Mann Michael und ich oft stunden- bis wochenlang verlegte Gegenstände. Heute können wir uns das Gott sei Dank sparen. Da Gott jeden Winkel der Welt genau kennt, brauchen wir ihn nur anzurufen. Nach einem kurzen Dankgebet „dass wir den Gegenstand bereits wieder gefunden haben" lenkt Gott unsere Schritte und Blicke. Innerhalb kürzester Zeit dürfen wir uns glücklich und dankbar über das Gefundene freuen.

Wie Gott unseren Neujahrsmorgen rettete

Es war Silvester. Michael und ich verbrachten einen schönen Abend in einem kleinen Theater mit anschließendem Büfett und Tanz. Um drei Uhr morgens verließen wir beschwingt den Ballsaal, um nach Hause zu fahren. An der Tür verabschiedete uns ein freundlicher Herr. Wegen des starken Regens gab er uns den Tipp, über ein Nebengebäude in die entfernt gelegene Tiefgarage zu gehen. Dieser Weg sei kürzer; so würden wir nicht so nass werden.

Wenig später hatten wir das Nebengebäude erreicht und den Treppenabgang zur Tiefgarage gefunden. Fröhlich näherten wir uns dem Stellplatz, auf dem wir vor der Veranstaltung unser Auto abgestellt hatten. Als wir in Sichtweite kamen, suchten unsere Blicke verzweifelt unser Auto. Kurz darauf standen wir fast wie versteinert vor dem leeren Stellplatz. Entsetzt schauten wir uns an und wollten es nicht glauben. „Herr“, rief ich laut aus, „so kann das neue Jahr für uns doch nicht beginnen!“ Hatten wir uns im Stellplatz geirrt? Bestürzt liefen wir nun in dem kleinen Tiefgaragengeschoss herum und suchten unser Auto. Aber nirgends war es zu sehen. Auch sonst sah es hier sehr leer geräumt aus.

Während mich ein kalter Schauer durchfuhr, fiel mir Gott sei Dank das Danken wieder ein. Inbrünstig dankte ich jetzt Gott dafür, dass unser Auto wieder da stand. Im nächsten Moment fiel mein Blick auf die Tür, durch die wir vor der Veranstaltung die Tiefgarage verlassen hatten. Ich lief hin, öffnete sie und stieg die Treppe ein Stück nach oben. Dabei wunderte ich mich etwas. „Sah die Treppe gestern Abend nicht anders aus?“, fragte ich Michael, der mir gefolgt war. Dann ging uns ein Licht auf. Die Tiefgarage musste noch ein Geschoss haben, von dem wir nichts gewusst hatten. Der kürzere Weg über das Nebengebäude hatte uns direkt in das zweite Untergeschoss der Tiefgarage geführt.

Schnell stiegen wir die Stufen hoch und öffneten die nächste Tür, die uns begegnete. Direkt vor uns stand jetzt unser Auto, wofür wir Gott erleichtert dankten. Er hatte uns an diesem Neujahrsmorgen unser Auto noch einmal geschenkt.

Dieses Erlebnis hat einen schönen Symbolgehalt: Durch das Danken im Voraus wechseln wir in eine höhere Ebene, zunächst einmal im Geistigen. Gott kann nun unseren Blick auf die „Tür“ richten, die uns zu unserem Ziel bringt; durch seine Führung finden wir das Ersehnte bald auch in unserer physischen Realität.

Nur ein Blick in den Spiegel

Es war ein kalter Tag im Winter. Ich hatte vor, das Haus zu verlassen, und suchte gerade verzweifelt, da ich in Eile war, mein Stirnband. Aber nirgends war es zu finden. Deshalb richtete ich ein kurzes Dankgebet an den Himmel. Im nächsten Moment fiel mein Blick in den Spiegel. Da war es! Ich musste schmunzeln, denn es saß bereits auf meinem Kopf.

Der Stöpsel im Kompost

Dass auch nach Jahren verschwundene Gegenstände wieder auftauchen können, zeigt das Erlebnis von Johanna, das sie selbst erzählt:

Über zwei Jahre lang vermisste ich den Stöpsel meiner Wärmflasche, so dass ich sie nicht benutzen konnte. An allen möglichen Stellen hatte ich immer wieder ohne Erfolg danach gesucht, bis ich es aufgab; aber irgendetwas hielt mich davon ab, die Wärmflasche wegzuwerfen. Nach zweieinviertel Jahren kam ich auf die Idee, dafür im Voraus zu danken, dass „ich den Stöpsel wieder gefunden habe". Kurz darauf stieß ich beim Umgraben des Komposthaufens auf ein Kunststoff-Teil, das sich unter den Blättern einer Topfpflanze befand, die ich dort entsorgt hatte. Bei genauerem Hinsehen erkannte ich darin den lang gesuchten Stöpsel der Wärmflasche!

Jetzt erinnerte ich mich. Damals war ein Gast bei uns zu Besuch gewesen, der Bauchschmerzen hatte. Um seine Schmerzen zu lindern, brachte ich ihm eine Wärmflasche. Als er sie nicht mehr benötigte, goss ich das Wasser der Wärmflasche in einen meiner Blumentöpfe, wobei der Stöpsel unbemerkt mit in den Blumentopf rutschte und sich dort unter den Blättern der Topfpflanze verbarg. Später entsorgte ich diesen Blumenstock nichtsahnend auf meinem Kompost.

Jahrelang hatte ich ohne Ergebnis gesucht, und ein einziges Dankgebet brachte mir sofort den gewünschten Erfolg – und das nach Jahren.

Johanna

Das Hufeisen auf der nächtlichen Koppel

Wie das vorige Beispiel zeigt, kann dich Gott nach deinen Dankgebeten unbewusst genau an den richtigen Ort führen, um das

Gesuchte zu finden. Du kannst Gott aber auch bewusst für seine Führung im Voraus danken, um die „Stecknadel im Heuhaufen“ zu entdecken. Alida berichtet hier von ihren guten Erfahrungen mit ihren Engeln bei einer nächtlichen Suchaktion:

A Eines Abends im Herbst erhielt ich von einer Freundin aus dem Pferde-Stall einen Anruf. Sie informierte mich, dass mein Pferd, das tagsüber auf der Koppel gewesen war, ein Hufeisen verloren hatte. Es war ihr aufgefallen, als die Pferde abends von der Koppel geholt worden waren.
Weil es bereits dunkel wurde, packte ich eine Stirnlampe ein und fuhr sofort zum Stall. Dort angekommen, ging ich auf die riesige Koppel, wobei es mir vorkam, als ob ich eine Stecknadel im Heuhaufen finden sollte. Während ich am Koppelzaun entlanglief, dankte ich dem Erzengel Michael und allen anderen Engeln, sie mögen mir helfen, dieses wertvolle orthopädische Hufeisen, das mein Pferd dringend benötigte, zu finden. Ungefähr zehn Minuten lang ging ich die Koppel hoch und wiederholte dabei drei- bis viermal mein Dankgebet. Nun wurde ich zu einem größeren durchgeackerten Bereich der Koppel wie magnetisch hingeführt, blieb an einer Stelle stehen und fing an, mich dort um mich selbst zu drehen. Ich hatte das Gefühl, dass das Hufeisen hier irgendwo liegen müsste. Und tatsächlich – plötzlich blitzte es mir im Lichtschein der Stirnlampe entgegen. Ich war so froh und bedankte mich bei den Engeln, diesmal im Nachhinein, dass ich in der Dunkelheit in weniger als 15 Minuten das Hufeisen gefunden hatte.

Alida

Dankt im Voraus,
dass ihr das Gesuchte bereits gefunden habt,
dann werdet ihr es finden.

Überraschend schnelle Wunder

Bist du bereit, dich voll auf ein Leben mit Gott einzulassen? Dann kannst du dich gleich einmal auf großartige Überraschungen einstellen; denn Gott und seine Helfer stehen schon längst in den Startlöchern und warten nur darauf, dass du deine Anliegen dem Himmel übergibst. Deshalb wirst du es immer wieder erleben, dass Gott deine Gebete überraschend schnell erfüllt.

Seitdem ich Gott in meinem Leben walten lasse, kann ich immer wieder nur staunen, wie perfekt er auch in kürzester Zeit alles plant, einfädelt und führt.

Ein unglaublicher Besuch

Es war ein ganz normaler Arbeitstag. Dankbar saß ich zuhause an meinem PC und schrieb eifrig an meinen Büchern. Plötzlich klingelte es an der Haustür. Eigentlich wollte ich gar nicht aufmachen, weil ich dachte, dass es bestimmt nur wieder ein Vertreter sei. Aber meine innere Stimme sagte mir, dass ich zur Tür gehen solle.

Als ich die Tür öffnete, stand vor mir ein freundlicher Nachbar. Er war Pfarrer im Ruhestand und wohnte seit kurzem ein paar Häuser weiter in unserer Straße. Etwas zögernd meinte er: „Ich wollte Sie nicht stören, aber ich glaube, wir sollten uns einmal unterhalten."

Gleich bat ich ihn herein und führte ihn ins Wohnzimmer. Dort sah er die Bibel auf dem Tisch liegen und fragte mich: „Sie glauben auch an Gott?" Freudig antwortete ich ihm: „Ja und wie! Ich schreibe meine Bücher für ihn.“ Schnell kamen wir ins Gespräch und tauschten einige Gebetserfahrungen aus. Während ich den genauen Grund seines Besuches immer noch nicht wusste, betete ich in Gedanken zu Gott: „Herr, segne diese Begegnung.“

Nach einiger Zeit verriet mir mein Nachbar, warum er gekommen war. Er erzählte mir, dass er zuhause gerade ins Gebet vertieft war, als seine innere Stimme ihn aufforderte, sofort zu mir zu kommen. Weil wir uns kaum kannten und er nicht genau wusste, was er hier tun solle, zögerte er zunächst. Doch die Stimme in ihm war so stark, dass er trotz aller Bedenken diesen Besuch wagte.

Dann ging mir ein Licht auf. Freudig sagte ich zu meinem neuen Nachbarn: „Ich glaube, ich weiß, warum Gott Sie heute hierher geführt hat.“ Dann drückte ich ihm die Bibel in die Hand und bat ihn, gemeinsam mit mir eine bestimmte Bibelstelle zu suchen. Seit einiger Zeit war ich auf der Suche nach einem Text in der Bibel, den ich in dieses Buch aufnehmen wollte. Nachdem auch mehrere meiner bibelkundigen Freunde diese Stelle in der Bibel nicht gefunden hatten, dankte ich Gott im Voraus für seine Hilfe.

Nur einen halben Tag später stand der Pfarrer vor meiner Tür! „Sie schickt wirklich der Himmel“, rief ich erfreut aus und dankte Gott, dass er mir so schnell einen Fachmann ins Haus gebracht hatte. Mit seiner Hilfe fand ich die Bibelstelle, nach der ich suchte, noch am selben Tag.

Dieses wunderbare Erlebnis bestärkte mich darin, an diesem Buch weiterzuschreiben. Glücklich dachte ich mir: „Wenn Gott mir so schnell Hilfe zukommen lässt, dann muss ihm an diesem Buch etwas liegen!“

Der Besuch des Pfarrers brachte noch einen Segen mit sich. Er lud meinen Mann und mich ein, mit ihm und seiner Frau regelmäßig zu beten. Wir freuten uns über diesen Vorschlag und vereinbarten gleich unser erstes Gebetstreffen. Als ich seine liebenswürdige Frau kennenlernte, erzählte sie mir von ihrem Gebet. Sie und ihr Mann hatten Gott angerufen, er möge ihnen die Augen öffnen, wo sie in ihrer neuen Heimat Menschen finden könnten, die mit ihnen beten würden. Indem Gott uns zusammenführte, erfüllte er nicht nur meinen Wunsch, sondern auch den Wunsch des Pfarrer-Ehepaares.

Gott schenkt Luft zum Atmen

Da ich mich in meinem Studium mit Gesundheitsvorsorge und Umweltschutz beschäftigt habe, weiß ich im Detail, wie negativ sich das Rauchen auf Gesundheit und Umwelt auswirkt. Deshalb regte es mich besonders auf, dass unsere Nachbarn meinen Mann und mich extrem einrauchten. Sobald wir die Fenster öffneten, zog der giftige Dunst schon in unsere Zimmer.

In meiner Not gewöhnte ich es mir an, vor dem Fensteröffnen ein Dankgebet für gute Luft an Gott zu richten. Das wirkte jedes Mal, so auch an einem heißen Sommertag. Ich wollte bei offenem Fenster bügeln, doch wie üblich saß die Nachbarin rauchend mit einem Buch auf ihrer Terrasse. Als ich sie sah, bedankte ich mich bei Gott im Voraus: „Danke, lieber Gott, dass kein Rauch ins Zimmer hereingekommen ist, die Nachbarin die Terrasse bereits verlassen hat und nicht wieder herauskommen wird, bis ich mit dem Bügeln fertig bin und das Fenster wieder geschlossen habe." Genauso ist es eingetroffen, obwohl ich eine Stunde lang gebügelt habe. Kurz nach meinem Gebet ging sie ins Haus und kam nicht wieder heraus auf die Terrasse.

Dass dies eine blitzschnelle Gebetserhörung war, wurde mir richtig bewusst, als ich es das nächste Mal ohne Beten ausprobierte. Diesmal blieb die Nachbarin stundenlang auf ihrer Terrasse und rauchte eine Zigarette nach der anderen. Als es mir zu dumm wurde, betete ich wieder. Kurz darauf verließ sie die Terrasse – und ich war erlöst.

Noch eine Tatsache bestätigte mir, dass hier Gott wirkte: Immer wenn mein Mann Michael oder ich das Beten vor dem Öffnen der Fenster vergaßen, hatten wir hundertprozentig den Zigarettenrauch wieder im Haus.

Auch in unserem Garten, der regelmäßig stark eingeraucht wurde, verschaffte uns Gott Luft zum Atmen. Wenn wir im Garten arbeiten wollten oder gießen mussten, kam nach unserem Dankgebet für rauchfreie Luft regelmäßig ein Wind auf, der den Zigarettenrauch von uns fernhielt. Manchmal waren wir sofort nach unserem Gebet vom Rauch erlöst, andere Male mussten wir hartnäckiger und etwas länger danken; aber Gott half uns jedes Mal.

Nicht nur zuhause schützte uns Gott vor Rauch. Auch im Restaurant durften wir schon erleben, dass nach unserem Dankgebet für gute Luft die Raucher plötzlich ihre Zigaretten (nur halb geraucht!) ausmachten oder das Lokal sogar ganz verließen. Bis wir mit dem Essen fertig waren und selbst gingen, rauchte niemand mehr.

Künstlerische Hilfe aus dem Himmel

Seit einigen Jahren schreibe ich Kinderbücher. An manchen Tagen wache ich morgens mit einer Idee auf, die ich beim Frühstück meinem Mann Michael erzähle. Nach einem Dankgebet, indem ich Gott im Voraus für das schöne Märchen danke, beginne ich gleich mit der Arbeit. Während des Schreibens erfüllt mich jedes Mal ein großes Glücksgefühl.

Weil dabei sehr schöne, liebevolle Bilder und manchmal ganze Filme vor meinem inneren Auge erschienen, fing ich an, sie auf losem Papier festzuhalten. Diese Vorschläge wollte ich einem Illustrator geben, der daraus ordentliche Bilder malen sollte.

Als ich jedoch feststellte, wie ansprechend und ausdrucksvoll meine Bleistiftzeichnungen wurden, beschloss ich, die Bilder zu meinen Büchern selbst zu malen. Eifrig hielt ich meine Ideen mit Bleistift fest und hatte so bereits über 50 Bilder gemalt, als ich mir erste Gedanken machte, wie ich sie kolorieren könnte.

Die Maltechniken, die mir bisher bekannt waren, erschienen mir für diese Art von Bildern nicht besonders geeignet. Etwas ratlos wandte ich mich deshalb an Gott und dankte ihm im Voraus dafür, dass ich für meine Bilder bereits die richtige Koloriertechnik samt Ausstattung gefunden und bekommen hatte. Wenige Tage später hatte Michael in einem Schreibwarengeschäft etwas zu besorgen. Ich begleitete ihn und eher zufällig schauten wir noch kurz in der Künstlerabteilung vorbei. Dort entdeckten wir einen großen Farbkasten, der zum Aktionspreis deutlich preisgünstiger als regulär angepriesen wurde. Diese Maltechnik kannten wir bisher beide noch nicht, doch bei genauem Betrachten stellten wir fest, dass dies genau die Technik war, die zu meinen Bildern passte. Natürlich kauften wir den Farbkasten, und ich begann zu Hause glücklich mit dem Kolorieren der Bilder.

Himmlischer Lohn für deine Ausdauer

Sobald du dein Gebet vertrauensvoll an den Himmel abgegeben hast, beginnen Gott und seine himmlischen Helfer, fleißig für dich zu arbeiten. Während sich manche Wünsche blitzschnell erfüllen lassen, benötigen andere Zeit.

So kann Gott zum Beispiel deine alten Nachbarn ja nicht einfach über Nacht auf die Straße setzen, wenn du dir möglichst schnell bessere Nachbarn wünschst. Lasse dich auf keinen Fall entmutigen, wenn längere Zeit nach deinem Gebet erst einmal nichts geschieht.

Herr, hast du mich für immer vergessen?
Wie lange willst du dich denn noch verbergen?
Wie lange sollen mich die Sorgen quälen,
der Kummer Tag für Tag an meinem Herzen nagen?
Wie lange dürfen mich die Feinde noch bedrängen?
Gib mir doch Antwort, du mein Gott!
Doch ich verlasse mich auf deine Liebe,
ich juble über deine Hilfe.
Mit meinem Lied will ich dir danken, Herr,
weil du so gut zu mir gewesen bist.
Psalm 13,2-4.6

Gott vergisst dich niemals. Und er vergisst auch keines deiner Gebete. Wenn du hinter die Kulissen schauen könntest, würdest du staunen, wie perfekt Gott für dich die Fäden zieht, um deine Wünsche zu erfüllen.

Falls du längere Zeit nichts von Gott hörst, dann melde dich bei ihm. Danke ihm hartnäckig weiter, am besten mehrmals täglich. So weiß Gott, dass es dir sehr wichtig ist mit deinem Wunsch und er wird alles tun, um ihn möglichst schnell zu erfüllen.

Solche Durststrecken haben auch einen Vorteil. Wir können uns in zwei göttlichen Eigenschaften üben – der Geduld und dem völligen Vertrauen zu Gott. Vor nicht allzu langer Zeit durchlebten mein Mann Michael und ich eine solche Wartephase, als wir von sehr unangenehmen Nachbarn umgeben waren. Wir dachten schon, dass wir selbst ausziehen müssten, um erlöst zu werden. Doch plötzlich kam es ganz anders.

Das Nachbarschaftswunder

Vor einigen Jahren zogen Michael und ich in eine Doppelhaushälfte aufs Dorf. Wir freuten uns, endlich einmal mehr Platz für uns zu haben. Doch unsere Freude wurde bald getrübt, als wir feststellten, welche Gewohnheiten unsere Nachbarn hatten.

Sie grillten viel; dazu verwendeten sie stinkenden Spiritus und ein Gebläse, das uns ihre Asche in den Garten und bis in unsere Räume über die gekippten Fenster blies. Wenn wir im Garten lagen, hüllten uns dunkle Rauchschwaden ein, die uns Halskratzen und Husten verursachten. Es war unerträglich.

Freundlich baten wir unsere Nachbarn, ihre Grillart zu ändern. Doch die Antwort auf unsere Bitte war nur höhnisches Gelächter und eine Extra-Portion „Asche-Wind“, weil sie nun das Gebläse extra stark einstellten. Zuerst ärgerte ich mich. Doch dann fiel mir ein, dass ich auch dieses Problem Gott übergeben könnte. Deshalb dankte ich Gott im Voraus, dass er die Angelegenheit bereits harmonisch gelöst hatte und er uns vor Grillrauch und Aschewinden bewahrte.

Schon am nächsten Tag klingelte die Nachbarin an unserer Tür und entschuldigte sich für den gestrigen Vorfall. Sie versprach uns, dass sie das Gebläse beim Grillen nie mehr einsetzen würden. Tatsächlich hielten sie sich daran und grillten auch deutlich seltener. Von diesem Problem waren wir nun Gott sei Dank erlöst.

Allerdings hatten sie noch einige andere unschöne Gewohnheiten. Der Vater der Nachbarsfamilie war ein Kettenraucher und wurde von seiner Frau zum Rauchen immer hinausgeschickt. Da er oft monatelang arbeitslos war, verbrachte er viele Stunden tagsüber und nachts mit Zigaretten und Bierflaschen auf der Terrasse und in der Garage. Der Zigarettenrauch zog in unsere Wohn- und Schlafräume. Zudem hatte der Nachbar bereits einen starken Raucherhusten und würgte ständig Schleim nach oben, den er laut ausspuckte. Diese unangenehmen Geräusche hörten wir selbst durch die geschlossenen Fenster. Nachts und morgens wachten wir oft davon auf.

Zu allem Übel rauchten auch die drei Kinder der Nachbarsfamilie auf der Terrasse, so dass der Dunst für uns oft unerträglich wurde. Der Sohn hörte regelmäßig, auch nachts, bei offenem Fenster sehr destruktive Musik, die er auch auf Bitten seiner Mutter nicht leiser stellte.

Trotzdem versuchte ich, nicht in Wut oder Hass zu verfallen, sondern dieser Familie in Gedanken Liebe und Licht zu schicken. Täglich dankte ich Gott im Voraus für die Erlösung von Zigarettenrauch und Lärm. Besonders nachts, wenn Michael und ich wegen des Lärms nicht schlafen konnten, schickte ich in Gedanken immer wieder Licht und Liebe ins Nachbarhaus und dankte Gott hartnäckig für die Ruhe. Das wirkte jedes Mal. Anfangs dauerte es manchmal eine halbe Stunde, bis es ruhig wurde. Aber je öfter ich das Rezept des Dankens anwendete, umso schneller ging es. Bald stellte sich die Ruhe innerhalb einer Minute ein. Das Erstaunliche daran war, dass dabei oft mitten im Lied die Musik verstummte.

An einem heißen Sommertag trauten mein Mann und ich unseren Augen kaum, als wir in unseren Vorgarten schauten. Dort und auf dem Straßenabschnitt vor unserem Grundstück machte der Nachbarssohn mit anderen Jugendlichen aus benachbarten

Häusern eine Schlacht mit Wasserbomben. Dabei zertraten sie in unseren frisch angelegten Beeten einige unserer Pflanzen. Schon bei anderen Vorfällen konnten wir sie weder durch freundliches Bitten noch durch energisches Auffordern dazu bewegen, uns und unseren Garten in Ruhe zu lassen. Stattdessen handelten wir uns sowohl bei den Jugendlichen als auch bei deren Eltern nur gehässige Kommentare ein. Deshalb gaben wir unsere Sorgen an Gott ab und dankten ihm hartnäckig für Frieden und Harmonie.

Eines Tages, es war im Winter, bombardierte der Sohn der Nachbarsfamilie die Ostseite unseres Hauses mit mindestens 30 Schneebällen, die er besonders auf die Fenster richtete. Als der schmelzende Schnee vom Fenster auf das Fensterbrett herunterlief, kam dadurch einer unserer liebevoll bepflanzten Blumenkästen ins Rutschen. Mit einem lauten Krach zerbrach er auf dem Lichtschacht und die Erde fiel hinein.

Als ich das Dilemma entdeckte, war ich bestürzt. Verzweifelt dachte ich mir: „Wir sind immer freundlich zu unseren Nachbarn und wünschen ihnen nur Gutes. Warum sind sie so schrecklich zu uns?“ Dann rief ich meine liebe Mutter an und fragte sie: „Was meinst du, sollen wir uns beschweren oder sollen wir sie anzeigen, oder was sollen wir tun? Wir wollen endlich unsere Ruhe haben!“

Meine Mutter gab mir folgenden weisen Rat: „Bei diesen Leuten bringt das wenig. Da musst du anders arbeiten. Schicke ihnen weiterhin in Gedanken Licht und Liebe und danke Gott für eine harmonische Nachbarschaft.“

Ich befolgte ihren Rat, auch wenn ich manchmal nicht mehr daran glauben konnte. Doch dann, nach etwa zwei Jahren intensiven Dankens, kam die Erlösung. Plötzlich und ganz unerwartet zog die Nachbarsfamilie innerhalb von drei Wochen aus. Als ich sie das letzte Mal sah, segnete ich sie in Gedanken und dankte Gott für seine Hilfe. Bis heute bin ich Gott dankbar, dass wir keinen Groll gegen diese Familie entwickelt haben, sondern mit Frieden im Herzen an sie denken können.

Sobald mein Mann und ich sahen, dass die Nachbarsfamilie auszog, dankten wir gleich im Voraus dafür, dass „wir jetzt ganz nette, angenehme neue Nachbarn bekommen haben". Im Stillen wünschte ich mir eine junge Familie, an Gott glaubend, Nichtraucher, mit kleinem Kind, ohne Hund und ohne Katze (da uns die Hinterlassenschaften der Haustiere anderer Nachbarn schon manches Mal die Freude am Garten genommen hatten.) Dann dachte ich mir: „Eigentlich könnte jetzt das Nachbarhaus zwei Monate lang renoviert werden, damit es die neuen Bewohner schön darin haben."

Ganz genau so kam es. Das Nachbarhaus wurde genau zwei Monate lang renoviert. Anschließend zog ein sehr nettes junges Paar mit einer goldigen einjährigen Tochter ein; alle drei waren Nichtraucher und ohne Haustier. Wir freundeten uns gleich an und erfuhren bereits in ersten Gesprächen, dass sie in Gebetsgruppen aktiv waren. So waren alle meine stillen Wünsche perfekt erfüllt!

Unsere neuen Nachbarn erzählten uns, dass ihre Eltern die Eigentümer unseres Nachbarhauses seien und ihre langjährigen Mieter, unsere ehemaligen Nachbarn, plötzlich völlig überraschend von selbst gekündigt hatten. Für sie sei es ein Glück, weil sie vor kurzem beruflich in diese Gegend versetzt wurden und nun, ohne Eigenbedarf anmelden zu müssen, in das Haus ihrer Eltern einziehen konnten. Wir erzählten ihnen von unserem jahrelangen Gebet und haben bis heute das Gefühl, dass Gott die ganze Sache wunderbar geführt hat.

Mit diesen lieben Nachbarn an unserer Seite konnten wir unser Zuhause ganz anders genießen. Statt Zigarettenrauch wehte uns nun Kuchenduft um die Nase und statt destruktiver Musik hörten wir entzückendes Kinderlachen. Wir sind Gott bis heute für dieses Nachbarschaftswunder sehr dankbar.

Die kleinen grünen Autos

Während dieser Zeit ist noch etwas passiert, das ich dir gerne erzählen möchte. Michael und ich schmunzeln heute noch darüber; es zeigt uns, wie überschwänglich und humorvoll Gott ist.

Als unsere ersten Nachbarn noch neben uns wohnten, parkte die Tochter der Nachbarsfamilie ihr kleines schwarzes Auto regelmäßig vor unserer Gartentüre. Da ich Schwarz (außer als Haar- oder Hautfarbe) nicht besonders liebe, dachte ich mir eines Tages, als ich zum Küchenfenster hinausschaute: „Lieber Gott, der Blick auf etwas Schwarzes gefällt mir überhaupt nicht. Es wäre mir lieber, es würde ein grünes Auto vor unserer Tür stehen."

Nur wenige Monate später, kurz nachdem die Nachbarsfamilie überraschend ausgezogen war, entdeckten mein Mann und ich vor unserer Gartentür ein kleines grünes Auto. Es war genau dieselbe Automarke wie das schwarze Auto, das früher immer vor unserer Tür geparkt hatte, und es stand genau an der gleichen Stelle wie damals das schwarze Auto. Beim genaueren Hinsehen sahen wir drei weitere kleine grüne Autos, die in unserer Straße parkten. Eines davon war der Zweitwagen unserer neuen Nachbarn. Die restlichen grünen Autos gehörten Freunden von ihnen.

Ich habe das Gefühl, Gott wollte uns damit zeigen, dass er auch unsere kleinsten Wünsche bereitwillig und überschwänglich erfüllt, wenn wir ihn lieben.

Auf ungewöhnlichen Wegen zum Wunder

Immer wieder stelle ich fest, dass Gott nicht nur überschwänglich beschenkt, sondern manchmal auch ungewöhnliche Wege einschlägt, um Gebete zu erhören. Er erfüllt unsere Wünsche an Orten und auf eine Weise, wie wir es nie erwartet hätten – und dabei bis ins letzte Detail perfekt und liebevoll geplant.

Das Hausschuh-Wunder

Vor einiger Zeit brauchte ich ein paar neue Hausschuhe, weil sich bei meinen alten Sandalen die Sohle bereits ablöste. Ich wünschte mir blaue Riemensandalen aus Echtleder mit Fußbett. Nach einer Tour durch mehrere Schuhgeschäfte, die – ohne Danken im Voraus – erfolglos blieb, fiel mir Gott sei Dank wieder das Danken ein. Kurz darauf war ich glücklicher Besitzer von zwei neuen Hausschuhpaaren, die genau meinen Wünschen entsprachen.

Das eine Paar entdeckten mein Mann Michael und ich in einem Schuhladen einer anderen Stadt, als wir Freunde dort besuchten. Das andere Paar bekamen wir sogar geschenkt, noch dazu von jemandem, den wir gar nicht kannten, und auf eine Weise, mit der wir nie gerechnet hätten.

Einer unserer Freunde machte uns bei unserem Besuch darauf aufmerksam, dass ein gutes Herren-Bekleidungsgeschäft in seiner Nähe Räumungsverkauf hatte. Als er uns mit seinem Auto sogar dort hinfuhr, dachten wir, wir könnten ja mal einen Blick hinein wagen. Mein Mann, von Natur aus bescheiden, brauchte eigentlich nichts. Als wir dann doch ein paar stark reduzierte schöne Kleidungsstücke für Michael kauften, schenkte uns der Ladenbesitzer ein Paar Damenhausschuhe – blaue Echtleder-Riemensandalen mit Fußbett! Denn der Ladenbesitzer führte zusätzlich, örtlich getrennt, ein Schuhgeschäft und bot seit dem Räumungsverkauf des Kleiderladens dort einige Schuhe zum Aktionspreis an. Als Dank für unseren (eigentlich kleinen) Einkauf wollte er uns etwas Gutes tun!

Als Michael und ich das Herren-Bekleidungsgeschäft mit den geschenkten Damenschuhen verließen, sagten wir zu uns freudig überrascht: „Das muss Gott für uns arrangiert haben, denn dieser Laden führt normalerweise gar keine Schuhe!“

Bei Gott kommen auch Kleine groß raus

Klemmt dein Reißverschluss? Sitzt deine Frisur nicht richtig? Findest du keinen Parkplatz? Brauchst du eine neue Mülltonne? Wünschst du dir gute Theaterkarten, obwohl die Vorstellung fast ausverkauft ist?

Alles kein Problem für dich; denn du weißt ja, wer dir helfen kann. Keiner deiner Wünsche ist Gott zu unbedeutend. Im Gegenteil: Gott ist es ein großes Anliegen, auch deine kleinsten Wünsche zu erfüllen.

Habe keine Sorge: Du bist Gott niemals lästig. Niemand und nichts kann Gott jemals aus seiner himmlischen Ruhe bringen; denn er ist unvorstellbar gütig und geduldig, groß und mächtig. Zudem liebt Gott dich so sehr, dass er an deinem Glück außerordentlich interessiert ist und alles dafür tun will, dass du glücklich bist. Gott macht auch aus deinen kleinsten Wünschen große Wunder, über die du immer wieder staunen wirst.

Kein Elender ist dem Herrn zu gering;
mein Geschrei war ihm nicht lästig.
Er wandte sich nicht von mir ab,
sondern hörte auf meinen Hilferuf.
Psalm 22,25

Ein göttliches Geburtstagsgeschenk

Der Geburtstag meines Mannes stand kurz bevor. Weil ich erfahren hatte, dass seine Lieblings-Kabarettgruppe in unserer Gegend eine Vorstellung gab, wollte ich ihm eine Freude machen. Sofort rief ich bei der Karten-Verkaufsstelle an, um gute Karten zu besorgen. Dort erhielt ich die Auskunft, dass noch keine Karten reserviert werden könnten, da für diese Vorstellung der Kartenvorverkauf noch nicht begonnen hätte. Ich solle in zwei Wochen wieder anrufen.

Als ich mich nach dieser Zeit im Karten-Verkaufsbüro wieder meldete, musste ich feststellen, dass ich eine falsche Auskunft erhalten hatte. Der Kartenverkauf lief bereits seit mehreren Monaten! Es gab nur noch wenige Restkarten für sehr schlechte Plätze. Nach einem kurzen Dankgebet zum Himmel, in dem ich für sehr gute Karten dankte, erklärte ich der Dame am Telefon meine Situation. Verständnisvoll hörte sie mir zu, meinte aber, dass sie mir nur zwei Restkarten auf den noch freien Plätzen reservieren könne.

Kurz darauf fuhr ich zur Verkaufsstelle. Als ich die reservierten Karten abholen wollte, sagte die Dame am Schalter zu mir: „Sie haben großes Glück! Gerade wurden zwei hervorragende Plätze zurückgegeben. Wenn Sie wollen, können Sie diese haben. Sie kosten nicht mehr als die schlechten Plätze, da bei dieser Vorstellung ein Einheitspreis für alle Plätze gilt."

Glücklich nahm ich diese hervorragenden Karten und dankte Gott für seine unglaubliche Hilfe. Er machte meinem Mann Michael und mir damit eine riesige Freude.

Wie lang ersehnte Post plötzlich im Briefkasten liegt

Schon mehrmals durften Michael und ich erleben, wie Gott nach unserem kurzen Dankgebet andere Menschen erinnerte oder motivierte, uns etwas zu schicken, auf das wir schon seit Monaten warteten. Dabei spielte es keine Rolle, ob es sich um ein Lebenszeichen von lieben Freunden, Unterlagen vom Finanzamt oder eine CD handelte, die uns ein Musiker versprochen hatte. Nur wenige Tage nach unserem Gebet hielten wir erstaunt und dankbar die gewünschte Post in unseren Händen.

Von himmlischer Hand geführt

Es geschah, als ich in Eile war. Noch schnell wollte ich den Reißverschluss meiner Jacke zuziehen, doch ich fügte die beiden Enden nicht ordentlich zusammen. Beim Hochziehen kam ich nicht weit, weil sich zudem noch ein Stück Stoff dazwischen klemmte. Jetzt ging gar nichts mehr, weder rauf noch runter. Nach mehreren verzweifelten Versuchen gab ich es auf, weil ich die Jacke nicht kaputt machen wollte und dringend zu meinem Termin musste.

Als ich zurückkam, versuchte ich noch einmal mein Glück. Aber der Stoff war im Reißverschluss so fest verklemmt, dass sich nichts bewegte. Deshalb wandte ich mich an Gott. „Herr", betete ich vertrauensvoll, „ich weiß, dass du alles kannst. Schicke mir einen kräftigen Engel, der meinen Reißverschluss öffnet, ohne dass die Jacke Schaden nimmt. Danke." Im nächsten Moment spürte ich, wie meine Hand sanft geführt wurde und dabei den Reißverschluss ohne einen einzigen Widerstand nach unten öffnete. Der Stoff und der Reißverschluss blieben dabei völlig unbeschädigt.

Dankbar lobte ich Gott, dass er meine Jacke so schnell „gerettet" hatte. Was ich in mehreren Versuchen alleine nicht geschafft hatte, ging mit Gottes Hilfe sofort beim ersten Mal und noch dazu ganz leicht.

Flugbegleiter für Insekten

Wenn an Fenstern keine Fliegengitter montiert sind, stellt sich in den warmen Monaten immer wieder unerwünschter Besuch von Insekten ein. Diese können nicht nur lästig, sondern für Menschen mit Insektengift-Allergien auch gefährlich sein. Oft ist es gar nicht so leicht, diese Tiere aus den Räumen wieder hinauszuführen. Deshalb dachte sich eine Frau namens Angelika, die bereits mehrmals von Wespen gestochen worden war, eines Tages, sie könnte es auch hier mal mit dem Danken probieren. Angelika erzählt, wie Gott für uns auf wunderbare Weise wirkt:

In den vergangenen Monaten durfte ich immer wieder erfahren, wie perfekt uns Gott auch vor Insekten schützt, wenn wir ihn um Hilfe rufen. Sobald ich merke, dass ein Insekt im Raum ist, richte ich mein Dankgebet an Gott. Zum Beispiel danke ich Gott im Voraus, dass er das Tier bereits aus dem Haus hinausbegleitet hat oder das Tier das Haus bereits verlassen hat.

Nach dem kurzen Dankgebet konnte ich jedes Mal beobachten, wie das Tier sanft hinausgeführt wurde; zum Beispiel krabbelte eine Wespe nun zielsicher und in Seelenruhe über den Rahmen des Fensters und flog hinaus. Vor meinem Gebet war sie nur aufgeregt an der Scheibe hin und her geflogen, aber nie über den Fensterrahmen von selbst gekrabbelt.

Dabei habe ich immer wieder festgestellt: Es ist ganz wichtig, dass ich Gott vertraue, damit er mir meinen Wunsch erfüllt. Ich lasse mich nicht entmutigen, wenn das Insekt nicht gleich auf mein Gebet reagiert. In solchen Fällen wiederhole ich mein Gebet und höre auf meine innere Stimme, ob ich noch etwas dazu tun soll, um dem Tier das Hinausfliegen zu erleichtern – zum Beispiel ein Fenster ganz zu öffnen. Auf jeden Fall bleibt mir nach meinem Gebet eine Insektenjagd erspart. Stattdessen darf ich ruhig beobachten, wie das Tier zielsicher hinausfliegt.

Mit einem kurzen Dankgebet lassen sich Insekten auch davon abhalten, ins Haus zu kommen. Wenn ich koche und merke, dass eine Wespe zum gekippten Fenster hereinfliegen möchte, danke ich kurz, dass sie nicht hereingekommen und schon wieder weit weggeflogen ist. Auch das funktioniert durch Gottes Hilfe. Im nächsten Moment darf ich zuschauen, wie das Insekt eine Kurve dreht und sich vom Haus entfernt.

Angelika

Der Bademantel auf Engelsflügeln

Gerade hatte ich meinen schweren Bademantel gewaschen und zum Trocknen auf einen großen Bügel gehängt. Beim Aufhängen stellte ich fest, dass das Metalloberteil des Bügels etwas schief im Kunststoffunterteil steckte. „Der wird doch nicht ausbrechen?“, dachte ich mir. Weil ich aber gerade keinen anderen großen Bügel frei hatte, sagte ich zu Gott: „Danke, dass der Bügel hält, bis ich den Bademantel abhänge, damit der Mantel nicht herunterfällt.“ Dann verließ ich den Raum und überließ die ganze Sache Gott.

Als ich am nächsten Tag den Raum betrat, hing der Mantel brav auf dem Bügel. Ich dachte nicht mehr an den riskanten Bügel, sondern zupfte und zog im Hängen am Mantel, um ihn in Form zu bringen. Dann nahm ich den Mantel auf meinen Arm, hob ihn etwas an und griff nach dem Bügel, um ihn von der Leine zu nehmen. Im selben Augenblick löste sich das Metalloberteil vom Kunststoffunterteil: ohne Krachen, ohne Knacksen, ohne den kleinsten Kunststoffsplitter. Butterweich ließ sich das Metalloberteil aus dem Kunststoffunterteil herausnehmen und wieder einsetzen. Aber es hielt nicht mehr. Der Bügel war kaputt.

„Das gibt's doch nicht!“, dachte ich mir kopfschüttelnd: „Wie konnte der kaputte Bügel den Mantel tragen? Noch dazu, wo ich daran gezogen habe?“ Dann fiel mir mein Gebet ein, und ich dankte Gott erleichtert, dass der Mantel trotz des kaputten Bügels nicht abgestürzt war; auch wenn ich mir nicht erklären konnte, wie das technisch möglich war. Auf jeden Fall hatte Gott mein Gebet sehr wörtlich genommen.

Für mich ist dieses Erlebnis ein Zeichen dafür, dass Gott alles kann und unsere Wünsche bis ins letzte Detail sehr ernst nimmt.

Parkplatz-Träume werden wahr

Ein Parkplatz in der ersten Reihe, freigehalten für dich! Wer wünscht sich das nicht? Diesen Traum macht Gott für dich wahr, wenn du dich mit deinem Wunsch an ihn wendest. So berichtet Thomas, ein junger Mann, der viel in Städten unterwegs ist, welche himmlischen Parkplätze ihm Gott jedes Mal freihält:

T Während ich früher oft bis zu einer halben Stunde einen Parkplatz suchen musste und oft noch weit zu laufen hatte, fühle ich mich heute jedes Mal reich beschenkt; denn seitdem ich mich für den besten Parkplatz im Voraus bedanke, bekomme ich regelmäßig direkt am gewünschten Ort einen Parkplatz. Entweder fährt vor mir gerade ein anderes Auto aus der Parkbucht oder Gott hält mir den Platz frei, bis ich komme. Ich bin immer wieder erstaunt, wie gut das Danken funktioniert.

Thomas

Vera, eine Mutter, die ähnliche Erfahrungen gemacht hat, erzählt begeistert:

V Ich hatte schon gar keine Lust mehr, samstags in die Tiefgarage unseres Einkaufszentrums zu fahren. Nach 20-minütiger Suche in den verschiedenen Parkebenen hatte ich meist immer noch keinen Parkplatz gefunden. Wenn ich dann endlich einen Parkplatz ergattert hatte, lag er oft weit entfernt vom Ausgang. Mit drei kleinen Kindern machte das keine Freude.

Das ist jetzt alles anders, seitdem mir eine Bekannte den Tipp gab, Gott im Voraus für einen guten Parkplatz zu danken. Spätestens wenn ich in die Tiefgarage einfahre, bedanken sich meine drei Kinder laut im Auto für den guten Parkplatz, den wir sofort bekommen haben. Das macht ihnen richtig Spaß; mir auch, denn kurz darauf bekommen wir wirklich jedes Mal einen Parkplatz direkt am Aufgang. Mit Gott geht es einfach besser!

Vera

Göttlich frisiert

Früher habe ich mich oft geärgert, wenn ich fünfmal meine Haare zusammensteckte und es nie richtig klappte. Irgendwo stand noch ein Hörnchen heraus oder die Haare rutschten wieder aus den Haarspangen.

Heute kämme ich meine Haare nur mit göttlichem Beistand. Wenn ich den Kamm in die Hand nehme, danke ich Gott für meine perfekte Frisur beim ersten Versuch. Das Ergebnis überzeugt mich immer: Kein Hörnchen, die Spangen sitzen fest, alles rundherum bestens. Vergesse ich doch einmal mein kurzes Gebet, geht es mir wie früher, nur mit dem Unterschied, dass mir zum Glück gleich wieder das Danken einfällt.

Auch für die perfekte Frisur meines Mannes sorgt Gott liebevoll. Früher kam Michael oft unzufrieden vom Friseur nach Hause. Seit einiger Zeit danke ich jedes Mal vor seinem Termin für seinen gelungenen Haarschnitt. Ich bin davon überzeugt, dass Gott dadurch das Personal beim Friseur führt; denn seitdem ist mein Mann nach jedem Besuch mit seinem Haarschnitt rundherum zufrieden.

Gott kümmert sich auch um Gurkengläser und Flaschenhälse

Wenn ich es aus eigener Kraft nicht schaffe, den Schraubverschluss eines Glases aufzudrehen, rufe ich Jesus Christus an. Noch während ich ihm für seine Hilfe danke, darf ich jedes Mal erleben, wie meine Hand plötzlich ohne große Mühe den Deckel aufschraubt.

Ein anderes Phänomen kann ich mir bis heute nicht erklären: Michael und ich kaufen unsere Getränke in Mehrweg-Glasflaschen. Oft beunruhigte es mich, wenn die Flaschenhälse beschädigt waren und sich beim Aufdrehen kleinste Scherben ablösten. Deshalb dankte ich vor einiger Zeit Gott im Voraus, dass „die Hälse unserer Getränkeflaschen immer einwandfrei sind". Tatsächlich schraubte ich in der folgenden Zeit nur intakte Flaschenhälse auf; bis ich mich eines Tages wunderte, warum schon lange kein kaputter Hals mehr dabei war.

Bei der nächsten Flasche, die ich aufschraubte, war der Hals beschädigt und es lösten sich wieder kleine Scherben ab. Jetzt erinnerte ich mich an mein Gebet und dankte Gott erneut, dass künftig alle Flaschenhälse wieder in Ordnung sein würden. Seither waren alle Flaschenhälse Gott sei Dank einwandfrei!

Himmlischer Mülltonnen-Service

Mit viel Liebe erfüllt Gott auch deine Wünsche rund um den Abfall. Vor einiger Zeit erlebte ich zwei Wunder mit der Müllabfuhr.

In der Gemeinde, in der wir damals lebten, hatten die kleinen Restmülltonnen keine Räder. Eines Tages sagte ich zu Gott, dass aus ergonomischen Gründen Tonnen mit Rädern doch besser wären. „Und schön wäre es, lieber Gott, wenn die neue Tonne ansprechender aussieht als die alte", fügte ich meinem Wunsch noch hinzu; dabei dachte ich an einen farbigen Deckel in einem leuchtenden Blau. Es war nur ein kurzer Wunsch, den ich an Gott abgab; dann dachte ich nicht mehr daran.

Bereits zwei Wochen später fand ich nach der Leerung der Tonne einen Zettel am Deckel. Darauf stand, dass kurz nach dem nächsten Leerungstermin die Tonnen gegen neue Modelle mit Rädern ausgetauscht würden. Freudig überrascht fragte ich mich, ob Gott meinen Wunsch erfüllt hatte oder ob es ein Zufall war. Inzwischen bin ich davon überzeugt, dass es keine Zufälle in diesem Sinne gibt; denn ein glücklicher Zufall ist das, was uns von Gott zufällt. Als die neuen Tonnen geliefert wurden, staunte ich, denn ihre Deckel waren leuchtend blau – genau so, wie ich es mir gewünscht hatte.

Das zweite Wunder geschah wenige Zeit später: Um bei der Tonnenleerung Zeit zu sparen, forderte die Müllabfuhr die Anwohner auf, ihre Tonnen auf eine Straßenseite zu stellen. Das wäre kein Problem gewesen, wenn die Tonnen auf unserer Straßenseite, auf der sich der Gehweg befand, geleert worden wären. Doch der neue Tourenplan der Müllabfuhr verlangte, die Tonnen an den gegenüberliegenden Straßenrand auf die Straße zu stellen. Dort behinderten sie den Verkehr erheblich.

Deshalb stellten die Anwohner ihre Tonnen am Leerungstag auf den Gehweg. Jedes Mal stieg der Fahrer des Müllfahrzeugs dann wütend aus, zerrte alle Tonnen über die Straße und setzte sie nach der Leerung verkehrsbehindernd am Rand der Straße ab. Zwischen den parkenden Autos auf unserer Seite und den Tonnen auf der anderen Seite kamen vorbeifahrende Autos nicht mehr vorbei. Vor allem in den dunklen Wintermonaten kam es vor, dass Autofahrer die Tonnen im letzten Moment entdeckten, verärgert ausstiegen und sie in das angrenzende unbebaute Grundstück hoben, das damals stark mit Hundekot verschmutzt war.

Nachdem die Müllabfuhr kein Einsehen zeigte, wandte ich mich an Gott. „Es ist einen Versuch wert, auch hier zu danken“, dachte ich mir. Also dankte ich nun vor der nächsten Leerung, dass die Tonnen auf der Gehwegseite geleert wurden. An diesem Leerungstag regnete es so stark, dass diesmal der Fahrer nicht ausstieg, sondern seine Route änderte und die Tonnen auf unserer Seite leerte. Die nächsten beiden Male betete ich wieder und es funktionierte auch, obwohl es nicht regnete. Deshalb dachte ich mir, dass die Müllabfuhr es endlich eingesehen hätte und nun wohl immer auf unserer Seite leeren würde.

Vor der nächsten Leerung betete ich deshalb nicht mehr. Doch nun musste ich entsetzt mit ansehen, dass trotz des Regens der Fahrer des Müllfahrzeugs wieder erbost ausstieg, die Tonnen über die Straße zerrte und die geleerten Tonnen diesmal in der angrenzenden „Hunde“-Wiese absetzte. Etwas frustiert fragte ich Gott, ob ich denn jedes Mal vor der Leerung an mein Gebet denken müsse.

Doch dann gab mir meine innere Stimme den Tipp, im Voraus dafür zu danken, dass von nun an die Tonnen immer auf der Gehwegseite geleert wurden. Tatsächlich funktionierte dies hervorragend. Dankbar durfte ich feststellen, dass durch Gottes Hilfe seither die Tonnenleerung immer auf der Gehwegseite erfolgte.

Da Gott uns selbst von solch kleinen Ärgernissen erlöst, dürfen wir sicher sein, dass er sich für uns ein freudiges Leben ohne Ärger und Sorgen wünscht.

Gott schützt dein Glück

Weil Gott dich von Herzen liebt, ist es sein größter Wunsch, dass du glücklich bist. Er wird sich mit all seiner Kraft für dein Glück einsetzen, wenn du ihn um seine Hilfe anrufst. Alles, was deinem Glück entgegensteht, ist Gottes Gegner. Alles, was deinem Glück dient, ist Gottes Freund.

> *... der Herr zerbricht die Macht seiner Gegner,*
> *doch wer zu ihm hält, den macht er stark.*
> Psalm 37,17

Wie Gott einen Vater aus dem „Exil" zurückholte

Eines Abends klingelte bei uns zuhause das Telefon. Als mein Mann Michael den Hörer abhob, hörte er die bestürzte Stimme unseres Freundes Timo. Dessen Arbeitgeber hatte ihn kurzfristig – für ein Jahr befristet – versetzt. Bereits am nächsten Tag sollte Timo seine neue Stelle antreten, die mehrere hundert Kilometer von seinem Wohnort und seiner Familie entfernt war. Seine Frau erwartete ein Kind und hatte kurz zuvor wegen Beschwerden, die durch die Schwangerschaft verursacht waren, einen Krankenhaus-Aufenthalt hinter sich. Verwandte konnten ihr nicht zur Seite stehen, da diese selbst weit weg wohnten.

Nachdem das Gespräch beendet war, erzählte mir mein Mann vom Unglück unseres Freundes. Gleich brachten wir in einem gemeinsamen Gebet die ganze Situation vor Gott. Im Voraus dankten wir Gott, dass er die junge Familie von Timo wieder zusammengeführt hatte; und zwar dauerhaft und ganz schnell.

Nur vier Tage später meldete sich Timo wieder bei uns. Diesmal klang er überglücklich. „Stell dir vor", sagte er zu Michael, „heute habe ich erfahren, dass ich in einer Woche wieder versetzt werden soll, obwohl ich doch gerade erst versetzt worden bin." Sein neuer Arbeitsort lag so nah an dem Wohnort seiner jungen Familie, dass er nun täglich heimfahren konnte.

Michael und ich lobten Gott für seine wunderbare und schnelle Hilfe. Bis zum heutigen Tag, an dem ich dieses Buch schreibe, ist unser Freund Timo Gott sei Dank nicht mehr von seiner Familie wegversetzt worden.

Mit Gott geht es plötzlich doch

Vor einiger Zeit erfuhr Ralf, ein Kollege meines Mannes, dass er in einigen Wochen in eine benachbarte Stadt versetzt werden sollte. Die Umstrukturierung des Betriebs erfordere dies, hieß es. Als Vater von zwei Kindern war Ralf nicht erfreut, da sein täglicher Fahrtweg sich dadurch erheblich verlängern würde und die Strecke nicht ungefährlich war. Er versuchte in mehreren Gesprächen, die Versetzung abzuwenden. Doch sie blieben erfolglos. Irgendwann gab Ralf es auf und fand sich mit der zukünftigen Situation ab.

Etwa drei Wochen, bevor Ralf versetzt werden sollte, erzählte er meinem Mann von seinem Schicksal. Noch am selben Abend beteten Michael und ich für diesen Kollegen. Wir dankten Gott im Voraus, dass er die Situation bereits zum Besten für Ralf gelöst hatte.

Eine knappe Woche später kam mein Mann fröhlich von der Arbeit nach Hause und berichtete mir: „Gott hat meinem Kollegen Ralf geholfen. Er wird jetzt doch nicht versetzt, weil an seinem neuen Arbeitsort plötzlich kein Büro mehr für ihn frei ist. Der vorgesehene Raum wird jetzt für andere Zwecke benötigt und andere Räume stehen nicht zur Verfügung. Für die nächsten Jahre kann Ralf deshalb an seinem jetzigen Arbeitsort bleiben." Michael und ich freuten uns und mussten schmunzeln, was Gott sich wieder hatte einfallen lassen.

Christusliebe – das Band einer guten Ehe

Eine glückliche Ehe, die ein Leben lang hält, ist ein großes Geschenk Gottes. Wie ein Freund, der Eheberater ist, mir einmal sagte, scheitern viele Ehen daran, dass ein oder beide Partner sich von ihren Familien nicht genügend lösen. Eine große Weisheit liegt daher in dem Bibelspruch:

Deshalb verlässt ein Mann Vater und Mutter,
um mit seiner Frau zu leben.
Die zwei sind dann eins, mit Leib und Seele.
Matthäus 19,5

Für eine gute Ehe ist noch etwas wichtig – das gemeinsame Gebet. Es verbindet, denn es bettet die Liebe der beiden Partner in die großartige Liebe Gottes ein. Es befreit, denn hier können beide Partner alle Sorgen dankbar an Gott abgeben. Es macht Freude, weil es einfach schön ist, Gott gemeinsam zu loben, ihm zu danken, für ihn zu singen und zu spielen. Es holt Jesus Christus in ihre Mitte, der beide Partner führt und seine schützende Hand über die Beziehung hält. So macht es stark gegen alle Angriffe von außen.

Wie das gemeinsame Gebet seine Ehe gerettet hat, berichtet Markus, ein junger Mann, der sich vor einiger Zeit in großen Schwierigkeiten befand:

Mein Gott hat mir eine Frau geschenkt, die perfekt zu mir passt und mir bisher in allen Situationen immer treu zur Seite stand. Dafür bin ich Gott sehr dankbar. In den ersten Jahren unserer Partnerschaft bemühte sich meine Frau

Bianca sehr um meine Familie. Zunächst dachte ich auch, dass meine Familie sie als meine Partnerin akzeptieren würde. Doch bald spürten Bianca und ich, dass meine Familie eine Ablehnung gegen sie aufbaute. Diese verstärkte sich, als ich unsere Heirat ankündigte. Aus Liebe zu mir versuchte meine Frau trotz mancher Kränkungen von seiten meiner Familie, immer wieder herzlich auf sie zuzugehen. Doch die Situation spitzte sich weiter zu. Dies belastete unsere Ehe stark. Da Bianca und ich darunter litten, brachten wir unsere Sorgen im Gebet gemeinsam vor Gott. Wir dankten ihm im Voraus, dass er die ganze Situation nach seinem Willen bereits harmonisch gelöst hatte.

Wenige Tage danach passierte etwas, womit wir beide nicht gerechnet hatten. Meine Familie begann nun, sich offen gegen Bianca zu stellen. Sie unterstellten ihr unter anderem, dass sie mich mit einem anderen Mann betrügen und mich deshalb bald verlassen würde. Sie gaben jetzt zu, dass sie meine Frau von Anfang an nicht mochten und forderten mich auf, mich umgehend von Bianca scheiden zu lassen.

Zuerst wusste ich gar nicht, wie mir geschah. Nun stand ich zwischen meiner Familie, die von ihrer Forderung nicht abwich, und meiner Frau, die bestürzt über die Anschuldigungen sich traurig von meiner Familie zurückzog.

In der folgenden Zeit beteten Bianca und ich noch mehr als sonst miteinander. Wir dankten im Voraus für Weisheit bei unseren Entscheidungen und für den Schutz unserer Ehe. Zusätzlich baten wir Freunde um ihr Gebet und holten uns Rat bei Beratungsstellen ein. Dann traf ich meine Entscheidung: Ich trennte mich nicht von meiner lieben Frau, sondern von meiner Familie. Gott gab mir die Kraft, meiner Frau und ihrer Treue zu mir zu vertrauen und voll zu ihr zu stehen. Bis heute sind Bianca und ich Gott sehr dankbar, dass er in den leidvollen Monaten seine schützende Hand über unsere Ehe gehalten hat. Unsere gemeinsamen Gebete ließen uns immer wieder zueinander finden; denn Jesus Christus nahm uns beide an der Hand. Durch ihn sind wir bis heute fest miteinander verbunden.

Markus

Und was Gott zusammengefügt hat,
sollen Menschen nicht scheiden.
Matthäus 19,6

Das Feuer der Liebe neu entfacht

Viele Menschen kommen in ihrer Partnerschaft eines Tages an einen Punkt, an dem sie sich fragen, wo ihr Glück geblieben ist. Das euphorische Liebesfeuer der ersten gemeinsamen Zeit kann durch Alltag, Pflichten und Sorgen erstickt werden. Ist die Romantik erst einmal verloren gegangen, wird die Beziehung anfälliger für Angriffe von außen.

Genau dies erlebte Katja, eine Frau, die lange Zeit glücklich verheiratet war und dachte, dass ihr so etwas nicht passieren würde. Sie erzählt, wie Gott ihr in dieser Phase zur Seite stand und wieder neues Glück in ihre Ehe brachte:

Am Anfang unserer Beziehung waren mein Mann Jean und ich im siebten Himmel. Wir fühlten uns wie füreinander geschaffen und waren sehr glücklich. Doch im Laufe vieler Jahre verschwand dieses Glücksgefühl immer mehr. Es gab in unserem Leben einfach zu viele Pflichten, die uns zeitweise beide überforderten. Geld- und Zeitmangel bestimmten unseren Alltag. Gemeinsame glückliche Stunden gab es kaum mehr. Der Blick für die guten Seiten des anderen war uns verloren gegangen; stattdessen sahen wir bald nur noch die Fehler des anderen.

Genau in dieser Zeit begann Guido, ein Arbeitskollege, mir Komplimente zu machen. Das tat mir gut, da ich von meinem Mann Jean schon lange keine mehr bekommen hatte. Guido war ein freundlicher Mensch, und in der folgenden Zeit entdeckte ich bei ihm genau die Eigenschaften, die ich bei Jean vermisste. War ich dabei, mich zu verlieben?

„Herr“, rief ich in diesem Gefühlswirrwarr zu Gott, „wenn dir etwas an meiner Ehe liegt, dann schütze und stärke sie! Ich danke dir von Herzen für deine Hilfe.“ Kurz nach meinem Gebet zeigte mir Gott meinen Kollegen Guido von seiner anderen Seite. Plötzlich fielen mir Charakterzüge an ihm auf, die mir gar nicht gefielen; so etwas kannte ich bei Jean Gott sei Dank nicht. Gleichzeitig öffnete mir Gott wieder die Augen für die guten Seiten meines Mannes.

Obwohl Jean von meinem Gebet nichts wusste, begann er nun, sich wieder mehr um mich zu bemühen. Nach einiger Zeit ließ auch das Interesse meines Kollegen an mir nach. Ohne äußeren Grund war die Begeisterung füreinander wieder erloschen.

Wenn ich jetzt abends von der Arbeit heimkam, empfand ich Jean als wesentlich attraktiver. Glücklich stellte ich fest, dass ich wieder richtig verliebt in ihn war und Gott mir den für mich besten Mann als Ehemann geschenkt hatte. Nachdem mich Gott in das Boot der Ehe zurückgeholt und sich der Sturm meiner Gefühle gelegt hatte, war ich ihm unendlich dankbar; denn er hatte mich vor Untreue bewahrt und das Liebesfeuer in meiner Ehe wieder neu entfacht. Zudem half Gott meinem Mann und mir, unsere Lebensumstände zu verbessern. Er erlöste uns von Geld- und Zeitmangel und schenkte uns seither viele glückliche Stunden miteinander.

Katja

Gott sei Dank!

Rosemarie, eine junge Mutter, erzählte mir vor einiger Zeit, dass ihre beiden Kinder schon lange nicht mehr krank waren. Als wir uns nur wenige Tage später wieder trafen, meinte Rosemarie bestürzt: „Jetzt hat mein Sohn Mittelohr-Entzündung und meine Tochter eine Erkältung mit hohem Fieber. Scheinbar darf ich nicht mehr sagen, dass meine Kinder gesund sind, sonst sind sie gleich krank.“

Kennst du dieses Phänomen aus deinem eigenen Leben? Viele Menschen einschließlich mir haben diese Erfahrung schon zahlreiche Male gemacht: Nachdem das Erfreuliche ausgesprochen ist, tritt kurz darauf das Gegenteil ein.

Lange Zeit habe ich mich gefragt, warum das so ist? Ein Grund dafür kann sein, dass die Menschen, während sie das Positive aussprechen, bewusst oder unbewusst fürchten, es könnte sich ins Negative umkehren. Angst jedoch öffnet dem Feind die Tür. Deshalb kann sich kurz darauf das Negative im Leben manifestieren.

Um diesem unerfreulichen Phänomen vorzubeugen, hat sich im Laufe der Zeit ein Brauch eingebürgert, den sehr viele Menschen praktizieren. Während sie etwas Positives aussprechen, suchen diese Menschen oft aufgeregt ein Stück Holz und klopfen dreimal darauf. Falls sie keines finden, klopfen sie sich auf den Kopf. Dazu wiederholen sie dreimal das Wort „toi“. Sobald sie den Spruch „toi, toi, toi“ ausgesprochen haben, sind sie beruhigt; denn sie glauben, dass ihnen nun ihr Glück, von dem sie gerade erzählt haben, erhalten bleibt.

Vielleicht ist dir dieser Brauch aus deiner Umgebung bekannt. Viele Menschen, auch solche, die an Gott glauben, praktizieren ihn regelmäßig, ohne zu wissen, dass sie damit den Teufel anrufen. Denn der Teufel wurde früher mit „oi“ geschrieben und „toi“ ist die Abkürzung von Teufel. Genauso wie Gott und seine Engel zu uns eilen, wenn wir sie rufen, erscheint auch der Teufel in unserem Leben, wenn wir seinen Namen anrufen. Dafür reicht auch die Abkürzung seines Namens. Da der Teufel noch keinem Menschen Glück gebracht hat, ist von diesem Brauch dringend abzuraten.

Gott bietet uns an Stelle dieses Aberglaubens etwas viel Besseres an – den Glauben an ihn! Ersetze die drei teuflischen Worte „toi ‚toi ‚toi“ und das dreifache Klopfen einfach gegen die drei göttlichen Worte „Gott sei Dank“. Sobald du das Gefühl der Dankbarkeit empfindest, wenn du etwas Positives aussprichst, kannst du dir hundertprozentig sicher sein, dass Gott dein Glück schützt. Ob du deinen Dank in Gedanken oder in Worte fasst, ist nicht entscheidend. Wichtig ist, dass du dir der Gnade Gottes bewusst bist; das heißt, du erkennst, dass alles, was in deinem Leben gut läuft, ein Geschenk Gottes an dich ist. Du kannst deinen Dank natürlich bekräftigen, indem du ihn aussprichst. Zum Beispiel könnte Rosemarie, die oben beschriebene Mutter, dankbar sagen: „Gott sei Dank waren meine Kinder schon lange nicht mehr krank."

Schon viele Male haben andere Menschen und ich die großartige Wirkung dieser drei kleinen Worte ausprobiert. Wir können dir versichern, dass sie perfekt wirken; denn durch deinen Dank richtest du deinen Blick auf Gott und kannst ihm besser vertrauen. So darfst du deine positiven Erlebnisse und das Gute in deinem Leben ganz entspannt erzählen und dich dankbar darüber freuen; ganz ohne Angst, es könnte sich in Kürze ins Negative umwandeln, nur weil du es ausgesprochen hast.

Dankbar sein befreit von allen Ängsten und bewahrt vor Unglück; denn Gott schützt dein Glück, wenn du ihm dankst. Probiere es aus!

Himmlische Absprachen

Warst du schon einmal verabredet und der andere ließ auf sich warten? Vor Jahren erlebte ich eine solche Situation, die ich so schnell nicht vergessen werde. Ich stand am Bahnhof und wollte meine Freundin Mira abholen. Zur vereinbarten Zeit war sie jedoch nirgends zu finden; deshalb wartete ich eine Weile, suchte dann das Bahnhofsgelände ab und wartete wieder am vereinbarten Treffpunkt. So war bereits eine halbe Stunde vergangen, als wir uns endlich trafen. Auch Mira hatte bereits seit einer halben Stunde auf mich gewartet, jedoch am anderen Ende des Bahnhofs; auch sie hatte zwischendurch den Bahnhof nach mir abgesucht.

Erleichtert, dass wir uns endlich gefunden hatten, machten wir uns auf den Weg zum Gemeindehaus. Dort wollten wir an diesem Abend ein Pantomime-Stück zum Thema „Gottes Liebe" aufführen. Die Zeit drängte, da wir vor unserem Auftritt noch einmal proben wollten.

Gleich zu Beginn unserer Probe verursachte der Kassettenrekorder einen Bandsalat. Weil die Kassette kaputt war, fuhr Sabine, eine andere Freundin, mit dem Rad schnell nach Hause und holte die Ersatzkassette. Dabei stürzte sie und verletzte sich. Als Sabine mit blutigem Gesicht den Saal betrat, erschraken wir. Jetzt fiel uns ein, dass wir noch gar nicht für Gottes Segen und seinen Schutz für uns und den Auftritt gebetet hatten.

Dies ist sehr wichtig, da den Mächten der Finsternis jedes Wirken für Gott ein Dorn im Auge ist und sie versuchen, es zu verhindern. Doch schon ein kurzes Gebet hilft, dass Gott seine Mitarbeiter perfekt schützt. Wenn wir im Vorfeld unser Gebet um göttlichen Schutz und Segen nicht vergessen hätten, wäre uns das unnötige Warten am Bahnhof, der Bandsalat und der Fahrradsturz sicher erspart geblieben.

Herr, du bist mein Schutz und meine Hilfe,
du hältst mich mit deiner mächtigen Hand,
deine Antwort auf mein Gebet macht mich stark.
Du hast den Weg vor mir frei gemacht,
nun kann ich ohne Straucheln vorwärts gehen.
Psalm 18,36.37

Nachdem unsere Freundin Sabine verarztet war und wir nun endlich gebetet hatten, setzten wir unsere Probe unter göttlichem Schutz fort. Der Rekorder funktionierte jetzt einwandfrei. Im Schnelldurchgang konnten wir das Stück noch einmal proben. Dann kamen schon die Gäste der Veranstaltung.

Die erste Szene unseres Pantomime-Auftritts handelte davon, dass zwei Freunde, die sich verabredet hatten, am vereinbarten Treffpunkt erschienen, sich jedoch nicht fanden. Da meine Freundin Mira und ich genau diese Situation kurz zuvor wirklich erlebt hatten, fiel es uns leicht, dies zu spielen. Im weiteren Verlauf des Stücks fanden sich die beiden Freunde schließlich doch und freuten sich über ihr Zusammensein. Doch weil sie Gott nicht in ihre Freundschaft einbezogen, stritten sie sich bald und verletzten sich gegenseitig. Die Freundschaft drohte auseinanderzubrechen. Erst als Jesus Christus in ihre Beziehung trat und beiden anbot, ihr zerbrochenes Herz zu heilen, wendete sich alles zum Guten. Mit Jesus Christus als Dritten im Bunde und mit geheilten Herzen feierten sie freudig ihre harmonische Freundschaft.

Halleluja – Preist den Herrn!
Er heilt alle, deren Herz zerrissen ist,
und verbindet ihre Wunden.
Psalm 147,1.3

Die gesamte Vorstellung lief sehr gut. Doch an einer Stelle passierte etwas, was so nicht geplant war, bei den Zuschauern aber sehr gut ankam: Als ich Jesus mein zerbrochenes Herz übergeben sollte, wollte ich das rote Holzherz aus der Innentasche meines Sakkos herausziehen. Die beiden Herz-Hälften steckten jedoch so fest in der Tasche, dass ich mit ihnen versehentlich die gesamte Tasche aus dem Sakko herausriss. Von dieser Szene waren die Zuschauer begeistert. Sie meinten, ich hätte sehr gut dargestellt, wie schwer es sei, sein Herz Gott zu übergeben.

Herr, mein Gott, in deine Hände befehle ich meine Seele.

Jeder, der diesen Schritt wagt, wird von Gott reich belohnt: mit unbeschreiblicher Freude und ewigem Glück. Diese Wahrheit durfte ich in meinem Leben schon oft erfahren. Seitdem ich mein Herz, meine Sorgen und schließlich mein ganzes Leben Jesus Christus und Gott übergeben habe, darf ich mich über alles freuen – über ein heiles Herz, gelöste Probleme und ein von Glück erfülltes Leben.

Wenn du Jesus Christus in deine Freundschaften, Partnerschaften und Verabredungen einbeziehst, bleiben dir ärgerliche Situationen erspart. Stattdessen darfst du ein harmonisches Miteinander genießen; denn gemeinsam mit Jesus Christus und Gott läuft alles einfach wesentlich besser.

Ein Mensch ohne Christus ist wie ein Fisch auf dem Trockenen; mit Christus schwimmt er im Meer der Liebe Gottes und darf schon hier auf Erden den Himmel erleben (Epheser 2,5.6).

Wer den Sohn Gottes hat, der hat das Leben.

1. Johannes 5,12

Ein Dinner für drei

Nach mehreren Jahren Wochenendehe waren mein Mann Michael und ich sehr glücklich, wieder täglich miteinander essen zu dürfen. Deshalb versuchte Michael, wann immer es möglich war, auch mittags zum Essen nach Hause zu kommen. Weil seine Mittagspause begrenzt war, musste alles fertig sein, wenn er kam.

Anfangs klappte es nicht besonders gut, da ich entweder mit dem Kochen noch nicht fertig war oder mein Mann sich wegen unvorhergesehener Termine bis zu einer Stunde verspätete. Diese Wartezeiten waren für beide Seiten nicht erfreulich und trübten unsere Stimmung.

Deshalb begann ich, mich bei Gott dafür zu bedanken, dass ich genau dann mit dem Kochen fertig war, wenn Michael zu Hause eintraf. Vom ersten Tag an erhörte Gott mein Gebet. Wenn ich wegen anderer Arbeiten zu spät mit dem Kochen angefangen hatte, hielt Gott meinen Mann in seiner Arbeit zum Beispiel durch einen Kollegen auf. Wenn Michael deshalb später als morgens vereinbart heimkam und sich entschuldigen wollte, sagte ich zu ihm: „Du kommst wieder genau richtig, das Essen ist gerade fertig. Ich habe gebetet, dass du erst jetzt kommst." Auch wenn ich früher fertig war, erschien mein Mann eher als vereinbart. Gott führte alles perfekt, ohne dass wir miteinander telefonierten. Mit ihm machte uns das gemeinsame Mittagessen viel Freude, und dankbar staunten wir jedes Mal über sein göttliches Timing.

Wie du Heinzelmännchen in dein Leben holst

„Du könntest auch mal wieder den Müll rausbringen." „Warum muss ich die Geschenke für die Kinder immer alleine aussuchen?" „Räume endlich dein Zimmer auf. Ich halte die Unordnung nicht mehr aus!" „Die Lampe im Bad ist seit Tagen kaputt! Muss ich mich denn um alles kümmern?"

Kennst du das aus deinem eigenen Leben? Vieles ist unerledigt. Die Aufgaben wachsen dir über den Kopf; aber die anderen scheinen die Arbeit nicht zu sehen. Wenn du die Situation ansprichst, erntest du nicht gerade Beifall und Tatendrang. Oft bleiben die Wünsche unerfüllt und belasten das Zusammenleben.

Du zählst zu den Glücklichen, denen das ab jetzt alles erspart bleibt. Anstatt dich zu ärgern, darfst du dich freuen: Darüber, dass du dein Leben an der Seite Gottes leben darfst; darüber, dass er dich liebt und du ihn liebst; darüber, dass du alle Sorgen dankbar an Gott abgeben kannst; und darüber, dass er für dich sorgt und dir jeden Wunsch erfüllt.

Lass den Herrn die Quelle deiner Freude sein:
er wird dir jeden Wunsch erfüllen.
Psalm 37,4

Mit himmlischer Hilfe kam Ordnung in unser Haus

Der Blick in unser Wohnzimmer machte wirklich keine Freude mehr. An mehreren Stellen war der Boden belegt mit Ordnern, Arbeitsunterlagen und Bewerbungsunterlagen. Am Schreibtisch und auf den Stühlen türmten sich Bücher, alte Kataloge, Zeitschriften, Fachartikel, Noten und vieles mehr. Wenn ich den Tee oder das Essen ins Wohnzimmer zum Esstisch brachte, musste ich immer aufpassen, die Unterlagen auf dem Boden nicht zu vertropfen. In unserem Arbeitszimmer sah es noch wesentlich schlimmer aus.

Über ein Jahr herrschte dieser Zustand bereits, obwohl mein Mann Michael und ich eigentlich wirklich ordentlich sind. Aber Michael war beruflich extrem eingespannt und brauchte seine freie Zeit, um sich auszuruhen und zu bewerben. Da lohnte es sich einfach nicht, die Bewerbungsunterlagen jedes Mal wieder aufzuräumen. Das sah ich ein. Schließlich trug ich zur Unordnung mit meinen Sachen ja auch bei.

Immer wieder versprachen wir uns gegenseitig, dass wir aufräumen wollten. Wir nahmen es uns auch fest vor. Aber wenn ich einen vorsichtigen Versuch machte, etwas auszusortieren, konnte ich mich von nichts trennen; irgendwie wusste ich auch nicht, wohin mit den vielen Sachen.

Doch warum sollte ich nicht auch hier Gott um Hilfe rufen. Deshalb dankte ich Gott im Voraus, dass unser Wohn- und Arbeitszimmer bereits ganz ordentlich aufgeräumt waren. Meinem Mann sagte ich nichts von meinem Gebet.

Nur zwei Tage später fragte mich Michael, ob ich damit einverstanden wäre, dass wir uns einen Schrank kaufen. Er meinte, dass er jetzt endlich aufräumen wolle und dazu diesen Schrank brauche. Begeistert stimmte ich zu. Sofort erkundigte sich mein Mann bei einem Möbelgeschäft. Er stellte fest, dass genau der Schrank, den wir uns vorgestellt hatten und der zu unseren Möbeln passte, gerade jetzt deutlich günstiger zum Aktionspreis angeboten wurde. Freudig bestellten wir den Schrank und fingen voller Tatendrang gleich mit dem Aufräumen an. Damit wir das neue Stück unterbrachten, mussten wir einige andere Möbel umstellen. Schon nach zwei Wochen war der Schrank geliefert, obwohl sonst, wie uns der Händler erzählte, eine Lieferzeit von acht Wochen üblich war.

Jetzt hatte uns das Aufräumfieber völlig ergriffen. Die folgenden zwei Wochen verbrachten wir damit, unser Zuhause bewohnbar zu machen. Während Michael seine Unterlagen sortierte und den neuen Schrank einräumte, mistete ich kräftig aus. Plötzlich fiel es mir ganz leicht, hohe Papierstapel durchzusehen und mich von einigen Sachen zu trennen. Wofür wir monatelang keine Energie hatten, gelang uns mit Gottes Hilfe jetzt mühelos und machte sogar noch Spaß. Bald hatten wir es geschafft und konnten unser Zuhause jetzt viel mehr genießen.

Heinzelmännchen-Wunder überall

Mit dem Vertrauen, dass Gott sich um deine Anliegen kümmert, gehört für dich Ärger der Vergangenheit an. Statt deinen Lieben mit wiederholten Bitten auf die Nerven zu gehen, darfst du erleben, wie Gott nach deinen Gebeten die Menschen um dich herum in fleißige Heinzelmännchen verwandelt. Was dir jetzt noch bleibt? Deine lieben Heinzelmännchen kräftig zu loben und euer harmonisches Miteinander zu genießen!

Dies bestätigt der erstaunliche Bericht von Isabella, die ihren Wunsch schon fast aufgegeben hatte:

Die Unordnung in unserem Keller störte mich seit Jahren. Immer wieder bat ich meinen Mann Konrad, seine uralten geerbten Werkzeuge und andere unbrauchbare Sachen auszusortieren, damit wir den Keller endlich besser nutzen konnten. Obwohl ich einen sehr lieben Mann habe, blieb mein Wunsch unerfüllt; bis ich von der Methode des Dankens erfuhr.

Nachdem ich gehört hatte, was andere damit erlebt hatten, dachte ich mir, ich könne es ja auch einmal ausprobieren. Deshalb dankte ich nun, ohne Konrad etwas davon zu sagen, ein paar Tage lang für die Ordnung im Keller.

Kurz darauf suchte ich meinen Mann. Ich fand ihn im Keller beim Aufräumen. Jeden Tag verbrachte er nun einige Zeit im Keller, und bald war dort alles wunderbar ordentlich.

Isabella

Rita, eine Mutter und Hausfrau, erzählt begeistert:

R In unserer Familie sind alle Aufgaben genau verteilt. Zu meinen Aufgaben gehört das Rasenmähen. Eines Tages war der Rasen wieder zu mähen, aber ich hatte andere Dinge zu erledigen. Deshalb dankte ich Gott dafür, dass der Rasen bereits gemäht war, ohne dass ich etwas dazu tun musste. Dabei war ich sehr gespannt, wie Gott auf dieses Gebet reagieren würde. Mein Mann Ingo war in der Arbeit und wusste nichts davon.

An diesem Tag kam Ingo früher heim als sonst. Kurz darauf verschwand er, ohne ein Wort zu verlieren, im Garten. Als ich zum Fenster hinausschaute, sah ich, wie er gerade fleißig den Rasen mähte.

Rita

Solche Heinzelmännchen-Wunder durfte auch ich immer wieder erleben, zum Beispiel als nach meinem Gebet mein Mann Michael noch am selben Tag kaputte Lampen reparierte, sich um unsere Pflanzen kümmerte und die Instrumente stimmte, ohne dass ich ihn darum gebeten hatte. Ein andermal brachte Michael ein ganz bestimmtes Brot, das wir schon lange nicht mehr gekauft hatten, mit nach Hause. Am selben Tag hatte ich morgens vergessen, ihn damit zu beauftragen. Weil ich ihn nicht erreichen konnte, brachte ich meinen Wunsch im Gebet vor Gott.

Obwohl ich in den letzten Jahren wirklich schon viele Gebetserfahrungen machen durfte, bin ich immer wieder aufs Neue erstaunt, wie gütig und fürsorglich Gott ist.

Wie Gott aus dir ein Heinzelmännchen macht

Genauso wie Gott nach deinen Gebeten andere Menschen führt, um deine Wünsche zu erfüllen, kann er auch dich zu einem Heinzelmännchen machen. Mehrfach habe ich dies bereits am eigenen Leib erlebt.

Jahrelang erstellte ich unseren Einkaufsplan für die kommende Woche immer in letzter Minute. Damit brachte ich meinen Mann Michael und mich so manches Mal in Eile, die nicht nötig gewesen wäre. Weil ich merkte, dass dies Michael nicht gerade erfreute, danke ich seither dafür, dass der Wochenplan rechtzeitig erstellt wurde. Dadurch motiviert mich Gott, rechtzeitig anzufangen, und er hilft mir beim Aussuchen des Essens. Wenn ich dafür bete, bin ich nicht nur schneller damit fertig, sondern habe sogar noch Freude dabei.

Wie Unliebsames Freude bringt

Im Leben gibt es immer wieder Pflichten, die wir nicht besonders lieben. Gott kann uns auch zu diesen Aufgaben Liebe schenken. Mit Liebe gemacht, wird alles perfekt und bringt noch dazu Freude – dir und Gott. Denn er sagt selbst: *Tue alles mit Liebe, dann tust du es für mich.*

> *Alle eure Dinge lasst in der Liebe geschehen!*
> 1. Korinther 16,14

Elan für den Finanzplan

Als ich die Öffentlichkeitsarbeit einer großen Einrichtung leitete, hatte ich einmal im Jahr einen Haushaltsplan aufzustellen. Da ich wesentlich lieber kreativ arbeitete, gefiel mir diese Verwaltungsarbeit gar nicht. Zudem war es manchmal schwierig, für 15 Monate im Voraus alle Ausgaben bis ins Detail vorauszusehen.

Während ich etwas gelangweilt über alten Rechnungen brütete, fiel mir ein, dass ich Gott in diese Arbeit einbeziehen könnte. In Gedanken sprach ich deshalb folgendes Gebet: „Danke, lieber Gott, dass der Haushaltsplan bereits perfekt erstellt ist und mir die Arbeit sogar Spaß gemacht hat."

Im selben Moment kam mir die Idee, neue Tabellen zu entwickeln, die mir die Arbeit wesentlich erleichterten. Das Austüfteln meiner neuen Arbeitstabellen machte mir schon gleich einmal Spaß. Diese Freude hielt an und im Nu war der gesamte Finanzplan erstellt.

Als die Finanzabteilung meine Unterlagen geprüft hatte, bekam ich ein Lob für meine gute Arbeit.

Schwungvoll durch den Haushalt

Wiederkehrende Arbeiten wie Waschen, Bügeln und Putzen können lästig sein. Zumindest empfand ich es lange Zeit so, wenn ich lieber kreativen Freuden wie Malen oder Schreiben meine Zeit gewidmet hätte. Doch mit Gottes Hilfe werden auch Arbeiten im Haushalt zum Vergnügen.

Heute bedanke ich mich vor jeder Hausarbeit bei Gott, dass er mir dabei geholfen hat, sie mir Freude gemacht hat und alles schon bestens erledigt ist. Dadurch bekomme ich mehr Energie für die Arbeit; sie fällt mir wesentlich leichter und ich bin schneller damit fertig. Gott hilft mir, mich besser auf die Arbeit zu konzentrieren. Auch meine Einstellung zur Arbeit verändert sich nach meinem Gebet. Ich bin dankbar, dass ich die Arbeit für uns mit Liebe machen darf.

Früher hing ich beim Bügeln tausend Sorgen nach und war danach oft völlig erledigt. Auf solche Arbeiten, die viel gedanklichen Spielraum lassen, kann ich mich heute freuen. Denn heute sind meine Gedanken auf Gott gerichtet. Entweder singe ich Gott Loblieder oder ich richte Dankgebete an den Himmel. So danke ich Gott für alles, was er uns schon geschenkt hat; oder ich stelle mir Ereignisse vor, die ich mir wünsche, und danke Gott, dass sie bereits Wirklichkeit geworden sind. Dabei füge ich immer hinzu: „Wenn es auch dein Wille für mich ist, lieber Gott." So kann ich mir sicher sein, dass Gott meine Wünsche nur dann erfüllt, wenn sie gut für mich sind.

Nach meiner Arbeit fühle ich mich regelmäßig beschwingt und glücklich.

Gott nimmt deine Wünsche wörtlich

Weil du Gott sehr wichtig bist und dein Glück ihm sehr am Herzen liegt, nimmt er deine Wünsche ernst. Sehr genau und mit viel Liebe zum Detail beantwortet er deine Gebete. Damit will er dir zeigen, dass es kein Zufall war, sondern sein liebevolles Wirken, ganz persönlich für dich.

Gott macht Wüsten zu Oasen

Es war ein trockener Frühling. Die Pflanzen in unserem Garten hatten großen Durst. Deshalb dankten mein Mann Michael und ich abends laut im Voraus dafür, dass „es bereits 20 Liter pro Quadratmeter geregnet hat“. Tatsächlich regnete es in den darauf folgenden drei Tagen zusammen über 20 Liter.

Erstaunt, wie schnell Gott unseren Wunsch erfüllt hatte, sagte Michael zu mir: „Gott ist wirklich gnädig. Es könnte aber noch mehr regnen. 40 Liter Regen pro Quadratmeter könnte der Wald gut vertragen.“ Weil ich wollte, dass sein Wunsch erfüllt würde, betete ich gleich: „Lieber Gott, danke für weitere 40 Liter Regen noch in dieser Nacht!“

Als wir am nächsten Morgen aufwachten, entdeckten wir das Geschenk, das Gott der Natur gemacht hatte. In dieser einen Nacht hatte es wirklich etwa 40 Liter geregnet. Somit kamen in der regenarmen trockenen Gegend, in der wir damals lebten, in wenigen Tagen über 60 Liter Wasser pro Quadratmeter vom Himmel. Das geschah dort ganz selten.

Mit Gott weht ein besserer Wind

Im Sommer desselben Jahres war es wieder sehr trocken. Weil am blauen Himmel keine Regenwolken in Sicht waren, betete ich am Nachmittag: „Danke, lieber Gott, dass es heute noch stark geregnet hat, circa zehn Liter pro Quadratmeter; jedoch erst, nachdem mein Mann heimgekommen ist, damit er nicht nass wurde."

Als ich mein Gebet fertig gesprochen hatte, viel mir auf, dass plötzlich von Osten ein starker Wind aufkam. Davor ging Westwind. Der Ostwind brachte in kurzer Zeit dunkle Regenwolken aus dem nahen Gebirge mit. Als Michael an diesem Tag von der Arbeit heimkam, erreichte er gerade noch trocken die Haustür. Im nächsten Moment setzte ein starker Regen ein. Am folgenden Morgen zeigte unser Regenmesser, dass es am Abend und in der Nacht zusammen genau zehn Liter geregnet hatte.

Musikalischer Auftritt im göttlichen Sonnenschein

Am letzten Septemberwochenende wollte meine Freundin Stephanie mit ihrer Musikgruppe bei einem Fest im Freien spielen. Die Tage zuvor regnete es immer wieder und war kalt. Deshalb bedankten wir uns im Voraus gemeinsam für Sonne und trockenes Wetter während ihres Auftritts. Ich dankte noch dafür, dass es so warm geworden sei, dass sie fast schwitzten.

Am Tag des Auftritts war es bei mir zuhause kalt und regnete den ganzen Tag. Immer wieder dankte ich, dass meine Freundin gutes Wetter hatte und machte mir Mut: „Bei ihr, mehrere hundert Kilometer entfernt von hier, kann das Wetter ganz anders sein." Aber zeitweise ertappte ich mich beim Zweifeln. Schnell ersetzte ich die Zweifel durch noch intensiveren Dank. Stephanie rief mich am Abend an und erzählte mir begeistert, dass sie sehr viel Glück gehabt hatten. Es war die ganze Zeit während des Musizierens trocken und sogar die Sonne hatte einige Zeit geschienen! Kurzzeitig war es ihnen fast zu warm, weil sie so dick angezogen waren. Erst als sie am Nachmittag mit dem Spielen aufhörten, fing es leicht an zu regnen. Als sie anschließend in einem Gasthaus eingekehrt waren, regnete es stärker. Wie ich das hörte, war ich dankbar und erleichtert, dass unser Gebet erhört worden war.

Sportlich aktiv unter himmlischem Regenschutz

Da Gott unsere Gebete wirklich wörtlich nimmt, solltest du genau überlegen, für was du Gott im Voraus dankst. Welche Erfahrungen Annerose machte, als sie ihre Wünsche detailliert Gott vortrug, erzählt sie in ihrem nachfolgenden Bericht:

A Als voll erwerbstätige Familienfrau habe ich wenig Zeit für mich. Schon lange wünschte ich mir, wieder regelmäßig mehr Sport zu machen. Wegen meiner vielen Verpflichtungen wusste ich jedoch nicht, wie ich ihn in meinen Tagesablauf einbauen sollte. Deshalb dankte ich Gott im Voraus, dass ich mich täglich sportlich betätige.

Bereits zwei Wochen später hatte Gott mein Gebet schon erhört; denn der Firmenbus, mit dem ich täglich zu meiner Arbeitsstelle fahre, hält nun nicht mehr, wie viele Jahre zuvor, wenige Schritte von meiner Haustür entfernt. Die Haltestelle wurde plötzlich so weit weg verlegt, dass ich mit dem Fahrrad gute zehn Minuten dorthin brauche. Da ich oben am Berg wohne, ist nun für meine sportliche Aktivität nach der Arbeit gesorgt. Jeden Tag freue ich mich darauf, weil mir die körperliche Bewegung an der frischen Luft gut tut.

Dankbar durfte ich bald feststellen, wie liebevoll Gott dabei alles arrangiert hat; denn er wählte den neuen Ort der Haltestelle so aus, dass ich nicht über verkehrsreiche Straßen, sondern über schön angelegte Spazierwege und Nebenstraßen mein Ziel erreiche. Zudem begrenzte er die Verlegung der Haltestelle auf die schönen und warmen Monate von Frühjahr bis Herbst, so dass ich im Winter nicht bei Eis und Schnee mit dem Rad fahren muss.

Vor einiger Zeit tummelten sich dicke Regenwolken am Himmel, als ich mit dem Bus gerade von der Arbeit heimfuhr. Während der Fahrt gab es immer wieder Regenschauer. Deshalb rief ich Gott um Hilfe an. Weil ich dachte, dass ich den Weg mit dem Rad in zehn Minuten schaffen würde, betete ich: „Danke, dass ich im Trockenen aussteigen konnte und es die nächsten zehn Minuten nicht geregnet hat." Genau so kam es. Kurz bevor der Bus die Haltestelle erreichte, hörte der Regen auf. Ich stieg im Trockenen aus und radelte los. An diesem Tag brauchte ich jedoch länger als sonst, da ich unterwegs eine liebe Bekannte traf und mich mit ihr länger unterhielt. Genau nach zehn Minuten spürte ich, wie dicke Regentropfen auf mich herabfielen. So kam ich an diesem Tag nicht trocken nach Hause, da Gott mein Gebet exakt erhört hatte.

Seither bete ich anders. Ich gebe Gott nicht mehr Details vor, zum Beispiel wie lange es nicht regnen soll; sondern ich danke ihm im Voraus, dass „ich trocken heimgekommen bin". So erreiche ich wirklich trocken mein Ziel.

Annerose

Kleine Gebetswellen ziehen weite Kreise

Du wirst staunen, was deine Gebete bewirken. Nicht nur dein unmittelbares Lebensumfeld reagiert auf deine Gedanken, die du an Gott richtest. Die Gebetswellen, die du aussendest, ziehen Kreise weit über alle vermuteten Grenzen hinaus. Schon viele Male durfte ich dies selbst erleben.

Meine ersten Erfahrungen machte ich dabei mit Gebeten für Regen, Sonnenschein, Wärme oder Abkühlung bei Sommerhitze. Da es inzwischen schon so zahlreiche Wetter-Erlebnisse sind, bin ich überzeugt, dass hier Gott am Werk ist. Bald dachte ich mir: „Wenn Gott schon bei unseren kleinsten Wetterwünschen so weitreichend wirkt, was macht er dann erst aus unseren Gebeten für Liebe und Frieden? Du kannst dir sicher sein: Deine friedvollen und liebevollen Gedanken wirken sich großartig auf dein nahes Umfeld und den ganzen Erdball aus und kommen vielfach auf dich zurück.

Denn was der Mensch sät,
das wird er ernten.
Galater 6,7

Durch Gottes Liebe gewärmt

Es war Herbst. Ende September wurde es so kalt, dass mein Mann Michael und ich ohne Heizung in unserem Haus froren. Am Tag stieg die Temperatur maximal auf zehn Grad Celsius; nachts sank sie meist auf Null Grad ab. Die Heizung konnten wir jedoch nicht einschalten; denn im Tank der Doppelhaushälfte, die wir damals gemietet hatten, war kaum mehr Heizöl. Bereits im Frühjahr hatten wir im Rahmen einer Sammelbestellung den Brennstoff rechtzeitig für den Herbst bestellt, jedoch verzögerte sich die Lieferung um mehrere Wochen.

Deshalb dankte ich Gott im Voraus dafür, dass wir bis zur Lieferung des Heizöls nicht froren und die Temperaturen wieder stiegen. „Am liebsten", sagte ich zu Gott, „wäre mir strahlender Sonnenschein bei 20 Grad Celsius", auch wenn mir mein Wunsch zu dieser Jahreszeit etwas übertrieben erschien. Ich dachte, lieber fordere ich mehr, dann hat es vielleicht 15 Grad Celsius.

Kurz darauf stiegen die Temperaturen deutlich an. Die Sonne schien viele Stunden am Tag, und am fünften Oktober zeigte unser Außenthermometer 22 Grad Celsius! Als Michael an diesem Tag von der Arbeit heimkam, teilte er mir begeistert mit: „Gerade haben sie im Radio gebracht, dass heute der wärmste fünfte Oktober seit vielen Jahren in unserem Bundesland war. Es wurde 27 Grad Celsius Höchsttemperatur gemessen. Das ist völlig untypisch für diese Jahreszeit!"

Überwältigt dankte ich Gott für seinen überschwänglichen Wärmesegen und konnte es kaum fassen, wie weitreichend sich dieses kurze Dankgebet ausgewirkt hatte. Gott gab uns damit ein wundervolles Zeichen, wie liebevoll er für uns Menschen sorgt.

Deine Liebe ist die Sonne,
von der wir leben.
Psalm 36,10

Himmlisches Gartenwasser für das ganze Land

Es war ein extrem trockenes Jahr. Im Frühling und Sommer mussten mein Mann und ich ständig unseren jungen Garten gießen. Weil wir dabei regelmäßig von unseren Nachbarn stark eingeraucht wurden und die fürchterlichsten Fernsehsendungen unfreiwillig mithörten, war das Gießen sehr unangenehm. Unsere Regentonne reichte bei weitem nicht aus. Wir brauchten so viel Frischwasser, dass unser Vermieter nach der Wasserabrechnung die monatliche Mietzahlung deutlich erhöhte.

Nach diesem Sommer waren mein Mann Michael und ich uns einig: So etwas machen wir nicht noch einmal mit. Im Jahr darauf regnete es im Frühling wieder sehr wenig. Die Wettervorhersage kündigte für die nächsten Tage trockenes Wetter an. Deshalb dankten mein Mann und ich Gott im Voraus, dass er unserem Garten reichlich Regen geschenkt hatte und wir nicht gießen mussten. Schon am nächsten Tag begann es zu regnen. Die folgenden Tage verwöhnte Gott unseren Garten mit sehr viel Wasser, so dass wir längere Zeit nicht gießen mussten.

Er führt Wolken heran vom Ende der Erde,
lässt ... den Regen fallen;
Psalm 135,7

Einige Wochen später war alles wieder sehr trocken. Erneut dankten wir für Regen. Doch diesmal schien die Sonne mehrere Tage kräftig weiter. Kein Tröpfchen fiel vom Himmel. Ohne uns entmutigen zu lassen, beteten wir hartnäckig täglich für den gewünschten Regensegen. Endlich, ein paar Tage später, erhörte uns Gott. Der Regen setzte ein. In den folgenden zwei Wochen regnete es nahezu jeden Tag. Ermutigt durch diese Regenwunder beteten wir weiter, und Gott wirkte jedes Mal für uns. Er erlöste uns durch häufige Regenschauer, so dass wir in diesem Jahr kein einziges Mal den Garten gießen mussten.

... deine Güte erquickt uns wie frisches Wasser.
Du selbst bist die Quelle, die uns Leben schenkt.
Psalm 36,9.10

Im frühen Herbst fuhren wir in den Urlaub. Der Ort, in dem wir uns erholen wollten, lag einige hundert Kilometer südlich von unserem Wohnort. Bei unserer Abreise regnete es leicht. Deshalb fingen wir an, uns für den Sonnensegen in unserem Urlaub zu bedanken. Je weiter wir uns von zuhause entfernten, umso schöner wurde das Wetter. An unserem Ziel erwartete uns strahlender Sonnenschein. Während der nächsten zwei Tage wechselten sich Wolken, Sonne und kurze Regenschauer ab. Wir dankten morgens freudig weiter für den Sonnensegen, und ab dem dritten Tag begleitete uns ständig die Sonne. Mit jedem Tag wurde es wärmer und wir durften während des ganzen restlichen Urlaubs zehn Tage lang die Sonne bei 28 Grad Celsius und mehr genießen.

Und Christus, deine Sonne,
geht für dich auf.
Epheser 5,14

Am Ende unseres Urlaubs erzählte mir ein Einheimischer, dass dies ein sehr verregneter Sommer gewesen sei. So etwas habe er schon lange nicht mehr erlebt. Er meinte, dass die letzten zehn Tage die schönsten des ganzen Sommers gewesen seien. Als ich das hörte, fragte ich mich, ob sich unser Gebet für reichlichen Regen bis hierher in diese Urlaubsregion ausgewirkt hatte.

Regensegen für den ganzen Kontinent

Im darauf folgenden Jahr begann der Sommer mit heißen, trockenen Tagen. Bald war die Hitze unerträglich. Tagsüber stiegen die Temperaturen bis auf 35 Grad Celsius an; auch die Nächte brachten keine erfrischende Abkühlung. Seit vielen Tagen hatte es nicht geregnet. Der Boden zeigte große Risse, die Natur brauchte dringend Wasser, viele Menschen litten unter den hohen Temperaturen. Nicht nur unser Land, sondern auch mehrere Nachbarländer waren betroffen. Zum Teil war das Autowaschen und Gartengießen bereits verboten.

Weil auch in den nächsten Tagen kein Regen in Sicht war, betete ich mit Freunden für Abkühlung und Regen in unserem Land und in den Nachbarländern. Bereits am selben Abend setzte bei uns zuhause ein leichter Regen ein, der auch am nächsten Tag anhielt. In der folgenden Nacht regnete es sehr stark. Es kühlte tagsüber auf 15 Grad Celsius ab; morgens hatte es sogar nur noch zehn Grad. Auch in den Nachbarländern sanken die Temperaturen, und an vielen Orten setzte Regen ein.

Der Herr ist bei dir, hält die Hand über dich,
damit dich die Hitze der Sonne nicht quält ...
Psalm 121,5.6

Mit Gotteskräften die Naturgewalten besänftigen

Vielleicht hast du dich schon gefragt, warum ich in dieses Buch so viele Gebetserhörungen zum Wetter aufgenommen habe. Das hat mehrere Gründe: Zum einen will ich dir damit zeigen, dass diese Erlebnisse keine Zufälle waren, sondern Antworten Gottes auf die Gebete. Zum anderen möchte ich dir Mut machen, deine eigenen Wetter-Anliegen im Gebet vertrauensvoll an Gott abzugeben.

Manchmal werde ich gefragt, ob wir mit unseren persönlichen Wetterwünschen nicht das Wetter und Ökosystem durcheinanderbringen können. Meine Antwort ist ein überzeugtes *Nein*, wenn wir unserem Gebet hinzufügen, dass Gott unsere Wettergebete immer zum höchsten Wohl von allen erhören soll. Damit ist sichergestellt, dass dein Wirken im Einklang mit der Natur geschieht.

Freudig möchte ich dir die befreiende Botschaft überbringen, dass wir Menschen nicht auf Gedeih und Verderb der angeblichen Willkür des Wetters und den Naturgewalten ausgeliefert sind! So wie Gott unsere kleinen Wetterwünsche erfüllt, erhört er auch Gebete im großen Maßstab.

Die Unwetterkatastrophen der letzten Jahre haben in verschiedensten Ländern viel Leid und Schaden angerichtet. Auch unsere nahen Verwandten und einige unserer Freunde waren betroffen. Während die einen bei Überschwemmungen von der Umwelt abgeschnitten waren und um ihr Hab und Gut fürchten mussten, erlebten die anderen tobende Hagelstürme, die ihre Häuser beschädigten und ihre Gärten verwüsteten.

In dieser Zeit fing ich an, auch für entfernte Gebiete, in denen unsere Freunde und Verwandten leben, zu beten. Seither informieren wir uns gegenseitig, wenn ein Unwetter vorhergesagt ist, und rufen dann Gott an, damit er uns und unser Hab und Gut vor Unheil bewahrt. Bisher hat Gott diese Gebete wunderbar erhört. Zum Beispiel kündigte der Wetterbericht vor kurzem für weite Teile unseres Bundeslandes wieder Hagel und starke Stürme an. Gemeinsam dankten wir im Voraus für friedliche Windstille und sanften Regen. Genau so ist es eingetroffen. Es kamen Gott sei Dank weder Sturm noch Hagel.

Auch in Fällen, in denen das Unwetter bereits im Gange ist, helfen Gebete; sie können das Ausmaß begrenzen oder das Unwetter in Luft auflösen. Unsere Freunde Katharina und Florian durften dies schon mehrmals selbst erleben:

K Wir waren gerade zuhause, als ein starker Sturm kam und über unser Grundstück fegte. Gleich setzten wir uns an den Tisch und begannen gemeinsam zu beten. Wir dankten Gott im Voraus für die Windstille und den Frieden um uns. Nach wenigen Minuten legte sich der Sturm und alles war friedlich. Wir waren verwundert, wie schnell Gott eingegriffen hatte. Erleichtert und dankbar lobten wir Gott.

Katharina

Dieselbe Erfahrung machten auch mein Mann Michael und ich bereits mehrere Male. Kurz nach unserem intensiven Gebet beruhigte sich das Wetter und Ruhe kehrte ein, während zuvor draußen ein heftiger Sturm getobt hatte.

Wenn Gott das Gebet einzelner Menschen so großartig erhört, dann kannst du dir vorstellen, was passiert, wenn viele Menschen für ein friedliches Wetter beten. Nicht nur ich bin felsenfest davon überzeugt, dass sich Stürme, Hagel, Überschwemmungen und andere Unwetterkatastrophen durch Gebete abwenden oder auflösen lassen. Deshalb kannst du mit deinen Gebeten in Gegenden, für die Unwetter vorhergesagt sind oder in denen Unwetter bereits wüten, wahre Wunder bewirken. Nutze diese in dir wohnende göttliche Kraft, um Gutes zu tun – für dich selbst, für deine Mitmenschen und die Natur! Mache Gott diese Freude, denn ...

... er freut sich über alle,
die ihm in Ehrfurcht begegnen und
von seiner Gnade alles erwarten.
Psalm 147,11

Gottes Gnade ist wundervoll!

Erwarte von Gottes Gnade großartige Wunder! Traue deinem Gebet alles zu! Wie kannst du den Mut dazu finden? Ganz einfach: Mache dir bewusst, dass Gott auf dein Gebet antwortet – und Gott ist alles möglich.

Jesus Christus selbst macht uns Menschen großen Mut. Er sagt, dass Gott durch uns die gleichen Wunder geschehen lassen kann wie durch ihn, wenn wir nur Gott vertrauen (Matthäus 21,21). Da Jesus die Naturgewalten besänftigen kann, spricht er damit auch uns diese Fähigkeit zu; denn jeder, der durch wahre Liebe und starken Glauben mit Gott verbunden ist, trägt die ganze Kraft und Macht Gottes in sich.

Glaubst du fest an diese wunderbare Zusage von Jesus? Falls du noch Zweifel in dir entdeckst, danke Gott, dass er alle Zweifel ausgeräumt hat; denn diese verhindern, dass Gott durch dich Wunderbares bewirken kann. Auch die Jünger von Jesus mussten erst lernen, der Kraft Gottes in sich zu vertrauen:

Eines Tages stieg Jesus mit seinen Jüngern in ein Boot und sagte zu ihnen: „Wir fahren ans andere Ufer!" So fuhren sie ab. Unterwegs schlief Jesus ein. Plötzlich kam ein Sturm auf. Das Wasser schlug ins Boot, und sie waren in großer Gefahr. Die Jünger weckten Jesus und riefen: „Herr, Herr, wir gehen unter!" Er stand auf und bedrohte den Wind und die Wellen. Da hörten sie auf zu toben, und es wurde ganz still. Dann sagte er zu seinen Jüngern: „Wo ist euer Vertrauen?" Sie waren erschrocken und sehr erstaunt und sagten zueinander: „Was ist das für ein Mensch? Er befiehlt dem Wind und den Wellen, und sie gehorchen ihm!"

Lukas 8,22-25

„Wo ist euer Vertrauen?", fragte Jesus seine Jünger. Warum stellte er diese Frage? Ich glaube, er wollte seinen Jüngern damit sagen, dass Gott auch ihnen die Macht gibt, den Sturm zu besänftigen und es still werden zu lassen, wenn sie Gott vertrauen.

Liebe Leserin, lieber Leser, vertraue Gott und glaube an die Kraft deiner Gebete. Werde ein Geschenk für die Welt, indem du Gottes großes Geschenk annimmst: Lasse es zu, dass Gott durch dich wundervoll wirkt.

Ich vermag alles durch den,
der mich mächtig macht.

Philipper 4,13

Himmlische Träume werden wahr

Würdest du auch gerne wissen, wie es im Himmel aussieht? Diese Frage stellte ich Gott vor einiger Zeit und wartete gespannt auf seine Antwort. Kurz darauf hörte ich in meinem Inneren eine liebevolle Stimme, die zu mir sagte: „Je mehr Liebe ein Mensch im Herzen trägt, umso schöner wird sein Leben hier auf der Erde und später im Himmel. Deshalb gibt es nicht nur einen Himmel, sondern viele verschiedene."

Weil ich ein himmlisches Leben hier auf der Erde führen will und später einmal in den schönsten Himmel, den Gott geschaffen hat, kommen möchte, danke ich seither regelmäßig:

Danke, lieber Gott, dass mein Herz stets voller Liebe ist.
Danke, dass meine Liebe zu dir und deiner Schöpfung immer noch mehr wächst.
Danke, dass ich deine Liebe ausstrahle und weitergebe an die ganze Welt.

Aus eigener Erfahrung kann ich jetzt sagen: Liebe im Herzen macht unser Leben himmlisch schön. Es bringt – oft ohne äußeren Anlass – plötzliche Glücksgefühle, die ich vorher in dieser Intensität nicht gekannt habe.

Dankbar für diese himmlische Botschaft wendete ich mich bald wieder an Gott. Diesmal wollte ich es ganz genau wissen. Deshalb dankte ich Gott im Voraus, dass ich in einen seiner Himmel schauen durfte. Diesen Wunsch richtete ich an mehreren Abenden vor dem Einschlafen an Gott.

Er belohnte meine Gebete mit himmlischen Träumen. Beim Aufwachen fühlte ich jedes Mal einen tiefen Frieden in mir.

Ein Blick in die himmlische Arbeitswelt

Vor dem Einschlafen dankte ich Gott, dass mich seine Engel und Jesus Christus in dieser Nacht mit in den Himmel nahmen und ich mich am nächsten Morgen nach dem Aufwachen an alles erinnern konnte. In dieser Nacht träumte ich etwas, das mich sehr überraschte; denn ich hatte mir den Himmel ganz anders vorgestellt.

In meinem Traum befand ich mich plötzlich in einem sehr großen, hellen Raum eines großen mehrstöckigen Bürogebäudes. Die Wände waren zum Großteil verglast. Im Raum befanden sich mehrere große weiße Tische, die mit wunderschönen ausgefallenen Blumenranken geschmückt waren. Die Blumen hatten große Blüten und sahen sehr frisch aus, obwohl sie nicht mit Wasser versorgt waren.

Das Bürogebäude befand sich inmitten anderer sehr hoher Gebäude in einer großen Stadt. Obwohl die Fenster geöffnet waren, herrschte eine friedliche Ruhe und in der Luft lag ein angenehmer Duft. Es gab keinen Straßenlärm und keine Autoabgase. Mich verwunderte das sehr.

Ein lieber Mensch führte mich durch die Räume und erklärte mir einiges zum Gebäude. Alle Menschen, denen ich hier begegnete, waren sehr freundlich zu mir. Sie arbeiteten fleißig und mit viel Freude. Sie waren interessiert an der Arbeit der anderen. Sie lobten sich gegenseitig, halfen sich und freuten sich über den Erfolg des anderen. Es gab keinen Neid, keine Mißgunst und kein Übelwollen. Auch ich durfte mit ihnen mitarbeiten. Es machte mir viel Spaß.

Dann wurde ich weitergeführt, um die anderen Räume kennen zu lernen. In einem kleinen Raum sah ich einen Menschen, der mir in diesem Leben hier auf der Erde einiges Leid zugefügt hatte und dem ich damals noch nicht vergeben hatte. Jetzt im

Traum ging ich mit völligem Frieden im Herzen auf ihn zu und wir begrüßten uns freundlich. Alle negativen Gefühle und Erinnerungen waren verschwunden. Dann verließ ich das Zimmer und ging weiter.

Mit einer Freude im Herzen wachte ich am nächsten Morgen auf. Immer wenn ich an diesen Traum denke, kommt diese Freude wieder. Gott hat mir mit diesem Besuch im Himmel gezeigt, wie schön auch bei uns auf der Erde die Arbeitswelt sein könnte, wenn die Menschen einander achten, lieben, loben und helfen würden. Im letzten Zimmer hat Gott mich darauf aufmerksam gemacht, dass es für das eigene Glück sehr wichtig ist, allen Menschen zu vergeben. Mit diesem Traum hat er mir sehr geholfen, allen zu verzeihen.

Auf himmlischen Wegen spaziert

Immer wieder fällt es mir schwer, mit ansehen zu müssen, wie viele Menschen die Umwelt verschmutzen und Unfrieden stiften. So sehnte ich mich eines Abends wieder nach einer Welt, in der vollkommener Frieden herrscht und die Natur ganz heil ist. Vor dem Einschlafen wünschte ich mir, mit meinem Mann Michael in eine bessere Welt zu gehen. Kurz darauf hatte ich einen wunderschönen Traum:

Barfuß spazierten Michael und ich Hand in Hand einen wunderschönen sandigen Weg am Wasser entlang. Dabei berührten wir mit unseren Füßen nicht den Boden, sondern schwebten etwa zehn bis 15 Zentimeter über dem Boden, während wir jedoch normale Gehbewegungen machten. Das Gehen war völlig unbeschwerlich. Obwohl wir lange unterwegs waren, ermüdeten wir nicht. Die Luft war angenehm warm und ein sanfter Wind streichelte uns. Das türkise Wasser und der Sand waren vollkommen sauber. Den Weg säumten phantastische Bäume mit großen rosa Blüten, die herrlich dufteten. Alles war ruhig und friedlich. Der Himmel war von einem hellen Licht durchstrahlt. Wir fühlten uns dort sehr wohl, geradezu glückselig.

Voller Freude sagte ich zu meinem Mann: „Hier gefällt es mir. Hier will ich mit dir leben."

An diesen Traum denke ich sehr gerne. Ich bin überzeugt, dass jeder Ort der Erde auch so schön sein könnte, wenn alle Menschen ihr Herz für die Liebe öffnen würden; denn die Liebe bringt Frieden und sie hilft unserer Umwelt. Zum einen würden die Menschen dann achtungsvoll mit der Natur umgehen, zum anderen bin ich davon überzeugt, dass durch die göttliche Liebe in den Herzen der Menschen bestehende Schäden geheilt werden können. Für Gott ist nichts unmöglich. Ich glaube, dass die kranke Umwelt ein Zeichen für das kranke, von der Liebe abgewandte Denken vieler Menschen ist und die verschmutzte Umwelt durch verschmutzte dunkle Gedanken vieler Menschen verursacht wird.

Deshalb danke ich dir, dass du die Liebe auf der Erde mit verbreitest; denn Liebe kann alles heilen und unsere Erde zu einem himmlischen Planeten machen.

Ein Besuch in der Himmelsschule

In den letzten Jahren habe ich die Erfahrung gemacht, dass es nichts Schöneres gibt, als für Gott und die Liebe zu arbeiten. Da ich mich dabei von Gott führen lassen will, bete ich seit einiger Zeit:

Lieber Gott, ich danke dir,
dass du aus meinem Leben
das Beste für dich gemacht hast.
Danke, dass ich dir mit großer Freude dienen darf
und du mich in allem führst.
Danke, dass ich ein Segen für die Welt bin.

Als Antwort auf mein Gebet gibt mir Gott seine himmlischen Aufträge auf ganz verschiedene Weise, zum Beispiel über meine innere Stimme, innere Bilder, Begegnungen oder Träume.

Eines Morgens wachte ich auf und erinnerte mich an einen ungewöhnlichen nächtlichen Ausflug:

Mit einigen anderen Menschen befand ich mich in einem schönen hellen Raum, in dem es nichts außer Licht gab. Wir waren alle mit weißen langen Gewändern bekleidet und hörten aufmerksam einem sehr freundlichen Lehrer zu, der vor uns stand und uns unterrichtete. Er sagte eindringlich zu uns:

Ihr seid auf der Erde, um Frieden zu stiften.
Ihr könnt das immer und überall tun.
Nehmt euch irgendeine Situation, die nicht friedlich ist und stellt euch diese Situation dann friedlich vor.
Ihr könnt auch vergangene Situationen dazu heranziehen, denn ihr wisst ja, dass es die Zeit nur auf der Erde gibt.

Am Ende der Stunde machten die anderen Schüler und ich uns voller Tatendrang auf den Heimweg zur Erde. Seit diesem Besuch in der Himmelsschule wende ich diese Friedenstechnik regelmäßig an. Tatsächlich funktioniert sie hervorragend. Sobald ich meine Friedensgedanken aussende, darf ich immer wieder Wunder erleben: Zum Beispiel wurden streitende Kinder plötzlich friedlich, eine Mutter hörte auf, ihr Kind anzuschreien, weinende Babys beruhigten sich, sogar Katzen hörten das Raufen auf.

Diese Friedenstechnik funktioniert nicht nur im kleinen Maßstab. Wenn viele Menschen Gedanken des Friedens aussenden, bin ich davon überzeugt, dass diese Erde friedlicher wird.

Das Danken als Friedensinstrument

Wenn du auf deiner Lebensharfe die Saiten des Dankes anzupfst, erzeugst du in deinem Leben wunderbare Klänge, die als Friedensmusik über die ganze Erde bis hinauf in den Himmel zu hören sind.

Nutze das kraftvolle Instrument des Dankens, um Frieden in dein Herz und auf die Erde zu bringen. Durch deine Frieden stiftenden Gedanken arbeitest du in deinem nahen Umfeld und weltweit am Werk Gottes mit. Dadurch bringst du Glück in dein Leben; denn dein Lohn als Friedensengel, den Gott jetzt schon für dich bereithält, übersteigt deine kühnsten Träume.

Freuen dürfen sich alle,
die Frieden schaffen;
denn sie werden Gottes Kinder sein.
Freut euch und jubelt,
denn Gott wird euch reich belohnen.
Matthäus 5,9.12

Friede sei mit dir, liebe Seele

Als ich vor vielen Jahren ein Praktikum für mein Studium absolvierte, lernte ich Renate, eine freundliche Ingenieurin, kennen, die mich auf ihre interessanten Dienstreisen mitnahm. Jedes Mal, wenn wir zurück in ihr Büro kamen, saß dort Renates Zimmerkollege und informierte sich gebannt über die neuesten Börsenkurse. Es vergingen keine 15 Minuten, bis er die nächsten aktuellen Daten ungeduldig abpasste. In dieser Zeit durfte ihn keiner ansprechen. Er wirkte sehr unruhig und war ständig auf der Jagd nach einem Geldgewinn. Menschen, die sich so gefangen nehmen lassen, riskieren auf Dauer nicht nur ihre wertvolle Gesundheit, sondern verspielen das Allerwertvollste überhaupt: ihren inneren Frieden.

Doch diesen kostbaren Schatz, den nur Gott uns geben kann, brauchen wir für unser Glück. Danke deshalb Gott immer wieder dafür, dass er dir einen tiefen Seelenfrieden schenkt. Gott wird dann seine wunderbare Energie in dich einströmen lassen und dich zu Schritten veranlassen, die deinem inneren Frieden dienen.

Zum Beispiel wird er dich dazu anregen, dir Zeit für Gebet und Meditation zu nehmen. Still vor Gott zu sein und auf seine Stimme zu hören, ist etwas sehr Heilsames und Wohltuendes. Vor kurzem erhielten mein Mann Michael und ich eine Postkarte von lieben Freunden, auf der stand: „Wir genießen die Natur und die Stille vor Gott." Genau das ist es – ein himmlischer Genuss!

Danke für das himmlische Rendezvous mit dir

In unserer hektischen Zeit sagen viele Menschen, dass sie einfach keine Zeit für Gebet und Meditation haben. Das kann ich gut verstehen. Auch mir ging es lange Zeit so, dass ich nach einem überfüllten Arbeitstag nur noch völlig erschöpft ins Bett fiel. Doch wenn dir dein innerer Frieden wichtig ist, dann wird sich ein Weg finden. Danke Gott einfach dafür, dass er dir genügend Zeit für eine gemeinsame stille Zeit mit ihm schenkt. Über solch ein Gebet freut sich Gott so sehr, dass er es dir bestimmt sehr schnell erfüllt.

In meiner Jugend kam ich einmal in die Klavierstunde und erklärte meiner Lehrerin, dass ich keine Zeit zum Üben hatte. Sie antwortete mir darauf: „Wenn dir etwas wirklich wichtig ist, nimmst du dir die Zeit dafür!“ Damit hatte sie ein wahres Wort gesprochen. Wenn dir dein Glück also wirklich wichtig ist, dann nimmst du dir Zeit für Gott!

Schalte zum Beispiel einmal das Radio oder den Fernseher aus und lasse es ganz ruhig um dich werden. Es gibt Menschen, die sagen, dass sie die Stille nicht ertragen und die ständige Berieselung brauchen, damit sie nicht zum Nachdenken kommen. Doch damit rennen sie vor ihren ungelösten Problemen nur davon. Glücklich wird dadurch niemand.

Du kannst es besser machen; denn du weißt, dass du alles dankbar an Gott abgeben darfst, was dich bedrückt. Danke Gott dafür, dass du die Stille genießen kannst. Höre in dich hinein, was Gott dir Liebevolles zu sagen hat. Verliere nicht den Mut, wenn du nicht gleich etwas hörst. Danke Gott und seinen Engeln, dass sie lauter zu dir sprechen. Habe Geduld und freue dich dankbar auf die Botschaften, die Gott für dich hat! Diese sind viel aufbauender als die ständigen Horrorberichte der Medien.

Damit sage ich nicht, dass du die Augen davor verschließen sollst, was in der Welt geschieht. Im Gegenteil: Informiere dich regelmäßig und gezielt, damit du weißt, wo dein Gebet gerade benötigt wird. Darauf komme ich an späterer Stelle in diesem Kapitel noch einmal. Gott wird dir helfen, einen goldenen Mittelweg zu finden zwischen Informationszeiten, um wichtige Ereignisse dieser Welt zu erfahren, und stillen Zeiten, in denen es um dich herum ruhig werden soll, um göttliche Informationen zu empfangen.

Göttlicher Frieden für dein Gemüt

Negative Emotionen wie Ärger, Wut, Zorn, Verzweiflung oder Angst stehen dem inneren Frieden entgegen. Gib diese Gefühle deshalb dankbar an Gott ab, wann immer sie sich deiner bemächtigen wollen. Danke Gott im Voraus, dass er die Situation, die diese Gefühle verursacht hat, reich segnet und bereits für alle Beteiligten zum Guten gelöst hat. Dann beginnt die heilende Kraft

Gottes in deinem Leben zu wirken und du wirst einen wohltuenden Frieden in dir spüren.

Du kannst auch den Heiligen Geist anrufen und ihm danken, dass er dein ganzes Sein und die jeweilige Angelegenheit mit göttlichem Licht durchstrahlt. Das funktioniert auch, wenn die Situation weit zurückliegt. Du wirst feststellen, wie gut dir dieses heilende Licht tut und wie Ruhe und Gelassenheit in dich einkehren.

Befreit im Herzen Frieden finden

Zum inneren Frieden gehört auch, dass du frei von Sehnsucht bist. Damit meine ich nicht das erstrebenswerte Sehnen nach Gott, sondern die leidvolle „Sucht" nach einem Menschen. Dieses schmerzende Gefühl kann Gott dir abnehmen, wenn du es zulässt. Warum haben Menschen Sehnsucht nach anderen? Zum einen vielleicht, weil sie sich einsam fühlen.

Wie glücklich darfst dagegen du, liebe Leserin, lieber Leser, sein, weil du Gott kennst. Du weißt, dass du niemals alleine bist. Deine Schutzengel und Gott selbst sind immer bei dir; ebenso Jesus Christus und andere göttliche Wesen, wenn du es willst. Danke den göttlichen Wesen, dass sie in Scharen zu dir eilen und dich trösten; dann sind sie sofort mit Freuden für dich da. Eingehüllt in die Liebe der Engel wirst du erleben, dass du dich augenblicklich nicht mehr traurig oder einsam fühlst.

Sehnsucht hat noch einen weiteren Grund: Viele Menschen suchen ihr Glück im Außen. Sie meinen, dass nur ein Mensch sie glücklich machen könne, der Eigenschaften besitzt, die sie bei sich selbst vermissen. Nach diesem Menschen bauen sie eine Sehnsucht auf. Zum Beispiel kenne ich eine Frau namens Tina, die sich selbst nicht schön findet und sich deshalb einen besonders schönen Mann als Partner wünscht. Tina meint, die äußere Schönheit dieses Menschen bräuchte sie zu ihrem Glück, da sie bei sich diese Schönheit vermisst. Dies ist jedoch ein Irrtum, denn wahres Glück kann nur von innen, das heißt von Gott, kommen.

Schon König David wusste dies und sagte zu Gott:

Ich vertraue dir...
Mein Glück finde ich allein bei dir!
Psalm 16,1.2

Sobald ein Mensch feststellt, dass Gott ihm alles schenken kann und damit alles in ihm ist, was er zum Glücklichsein benötigt, hört er auf, es bei einem anderen Menschen zu suchen. Die leidvolle Sehnsucht nach einem anderen Menschen ist beendet. So wird ein Mensch zum Beispiel erkennen, dass er als Werk Gottes selbst schön ist; dann braucht er die Schönheit eines anderen Menschen nicht mehr. Gottes Geist erlöst ihn aus jeder Abhängigkeit und schenkt ihm Freiheit und Frieden im Herzen.

... wo der Geist des Herrn ist, da ist Freiheit.
2. Korinther 3,17

Diese Erkenntnis ist das Rezept für glückliche Ehen. Glücklich machen kann uns nur Gott. Ein Mensch, der dies weiß, fordert von seinem Partner nicht, dass dieser ihn glücklich machen muss. In Gott ruhend trägt er bereits göttliches Glück in sich. Anstatt sein eigenes Glück vom Partner zu fordern, wird er seinen Partner fragen: „Wie kann ich zu deinem Glück beitragen?“ Und er wird Gott fragen: „Was kann ich tun, um meinen Partner glücklich zu machen?“

Wenn du Gott liebst, ihn lobst, ihm dienst und vertraust, zählst du zu den Glücklichen, die Gott zu ihrem Partner, zu ihrem Vertrauten, machen. Mit diesem himmlischen Partner an deiner Seite ist dir Glück und Frieden gewiss.

Der Herr ist groß!
Er sorgt dafür, dass sein Vertrauter
in Glück und Frieden leben kann.
Psalm 35,27

Wie du als Friedensengel dein Umfeld heilst

Der Friede in deinem Herzen wirkt sich sehr positiv auf deine Umgebung aus. Deine friedvollen Gedanken breiten sich wie Friedenswellen aus und ziehen weite Kreise. Du wirst erstaunt sein, wie viel du als einzelner Mensch bewirken kannst.

Danke Gott, dass er deine Friedensgedanken führt. Dann wirst du immer die richtigen Gedanken zur jeweiligen Situation aussenden. Die folgenden Beispiele sind Vorschläge und können dir als Anregung dienen. Lasse deiner eigenen Friedens-Kreativität unter Gottes Führung freien Lauf und freue dich jetzt schon dankbar auf ihre großartige Wirkung.

Immer wenn eine unharmonische Situation in deinem eigenen Leben oder in deinem Umfeld auftritt, kannst du im Voraus dafür danken, dass Gott alles bereits harmonisch gelöst hat; oder du dankst dafür, dass bereits alles wieder in göttlicher Ordnung ist.

Du kannst helfen, Streit zu schlichten, indem du dich in Gedanken dafür bedankst, dass völliges Verständnis, Toleranz, Achtung, Liebe und Friede bei allen Beteiligten bereits vorhanden sind. Das funktioniert auch, wenn du selbst in den Streit verwickelt bist. Schon mehrmals habe ich erlebt, dass der Streit sich innerhalb weniger Minuten in ein harmonisches Miteinander verwandelte. Wenn ich durch ein kurzes Dankgebet Gott als Friedensstifter in mein Leben hole, kehrt schnell Frieden ein und es bleiben keine Verletzungen aus dem Streit zurück.

Segne alle – das Gute siegt!

Sollte ein Mensch dich beschimpfen oder beleidigen, dann segne ihn in Gedanken und danke im Stillen, dass Gott dich vor diesem Menschen und seiner negativen Energie beschützt. Wenn du segnest, tust du damit beiden Seiten etwas Gutes.

Das Segnen des „Feindes“ bringt dir bereits im Moment des Segnens einen tiefen Frieden im Herzen. Dem „Feind“ schickst du durch das Segnen göttliche Energie und aktivierst in ihm seinen guten Kern. Diesen guten Kern oder inneren Lichtfunken trägt jeder Mensch in sich, auch wenn dieser oft durch dunkle Emotionen stark überdeckt ist.

Nach dem Segnen habe ich immer das Gefühl, dass ich etwas dazu beigetragen habe, dass sich dieser Mensch irgendwann bessern wird. Eines Tages wird das Gute, das ihm durch das Segnen zukommt, in ihm wirken.

> Jesus Christus selbst sagt:
> *Liebt eure Feinde;*
> *tut denen Gutes, die euch hassen;*
> *segnet die, die euch verfluchen,*
> *und betet für alle, die euch schlecht behandeln.*
> Lukas 6,27.28

An einem heißen Sommertag gossen mein Mann Michael und ich gerade friedlich unseren Vorgarten, als ein angetrunkener Mann aus der entfernten Nachbarschaft an unseren Gartenzaun kam und uns mit schlimmen Schimpfwörtern beleidigte. Zusätzlich drohte er, uns etwas anzutun und forderte seinen Hund auf, einen Haufen vor unsere Gartentür zu setzen.

Sofort rief ich in Gedanken Gott an. Er sorgte dafür, dass der Hund dem Auftrag seines Herrchens nicht folgte und der Mann uns bald wieder in Ruhe ließ. Doch wir waren sehr bestürzt über diesen Vorfall. Als wir diesen Mann und seinen Hund segneten und uns bei Gott im Voraus bedankten, dass „er die beiden von uns und unserem Lebensumfeld fernhält“, kehrte Frieden in unsere aufgewühlten Herzen ein.

Tatsächlich begegnete uns der Mann, der zuvor jahrelang täglich an unserem Grundstück vorbeigelaufen war, die nächsten Monate nicht mehr. Bis ich mich eines Tages fragte, ob er wohl weggezogen sei. Am nächsten Tag lief er, wie ich gerade aus dem Fenster schaute, an unserem Haus vorbei. Gleich segnete ich ihn erneut und schickte ein Dankgebet an Gott, dass er diesen Nachbarn wieder von uns fernhielt. Gott sei Dank erhörte er auch diesmal meinen Wunsch. Wenn ich heute daran denke, will ich Gott immerzu loben; denn es ist einfach großartig, wie Gott *für* uns Menschen wirkt!

Großartig ist es auch, wie er *in* uns Menschen wirkt. Alle zu lieben, die freundlich zu dir sind, ist keine Kunst. Doch Gott kann dir die menschliche Größe schenken, auch die zu lieben und für die zu beten, die schlecht zu dir sind. Danke Gott für diesen vorbildlichen Charakterzug und dafür, dass er dein Verhältnis zu diesen Menschen segnet.

Lass dich nicht vom Bösen besiegen,
sondern besiege das Böse durch das Gute.
Römer 12,21

Kürzlich erzählte mir Emanuel, ein junger Mann, wie ihm das Danken und Segnen in seinem Beruf hilft:

E

Mein Chef ist etwas unzugänglich, und sehr viele Kollegen haben mit ihm große Schwierigkeiten. Deshalb segne ich seit einiger Zeit diesen Mann regelmäßig und danke Gott für das gesegnete Verhältnis zu meinem Chef. Seither erlebe ich immer wieder, dass mein Chef wesentlich freundlicher zu mir ist und mich jetzt manchmal sogar lobt.

Emanuel

Am Beispiel von Emanuel wird deutlich, dass das Gute, das wir aussenden, auf uns zurückkommt. Den Zeitpunkt dafür bestimmt Gott. Manchmal geht es viel schneller, als wir es erwarten. Doch höre auch dann nicht auf, zu segnen und Friedensgedanken auszusenden, wenn sich äußerlich zunächst nichts verändert. Deine guten Werke gehen bei Gott niemals verloren.

Zu seiner Zeit werden sie ihre Wirkung zeigen und Gottes großzügiger Lohn ist dir auf jeden Fall sicher.

Wenn Worte verhallen, helfen Gebete

Vor Jahren kam eines Tages Maurice, ein Arbeitskollege, in mein Zimmer und ärgerte sich sehr über seinen Chef, der ihn ungerecht behandelt hatte. Ich versuchte ihn zu beruhigen und riet ihm, für seinen Chef zu beten. Daraufhin rief Maurice zornig: „Was, für den soll ich auch noch beten? Niemals!“, und verließ im selben Moment mein Zimmer.

Nachdem ich mit Worten bei Maurice nichts ausrichten konnte, betete ich für die beiden und dankte Gott für ein friedliches Verhältnis. Wenige Tage später kam Maurice wieder in mein Zimmer und meinte verwundert: „Ich weiß nicht, was mit meinem Chef passiert ist. Gerade hatte ich mit ihm wieder eine Besprechung, und das erste Mal seit Jahren war er fair und freundlich zu mir!“ Als ich das hörte, lobte ich dankbar Gott für dieses Wunder.

Auch im privaten Leben durfte ich schon mehrmals erfahren, dass Gebete halfen, wenn ich mit Worten nichts erreicht hatte. Plötzlich entschuldigte sich mein Gesprächspartner nach einer Meinungsverschiedenheit bei mir oder zeigte Verständnis für meine Situation. Gott öffnet die Herzen der Menschen und schenkt ihnen einen Versöhnungswillen; auch dann, wenn vor dem Gebet keine Spur davon vorhanden war.

Friede auf Erden – mit Gott schaffen wir es!

So wie deine Friedensgebete in deiner Umgebung Frieden stiften, kannst du auch weltweit Wunder bewirken. Sende deshalb deine Friedensgedanken über den ganzen Erdball. Dadurch arbeitest du für Gott im großen Maßstab. Gott freut sich über solch große Mitarbeiter besonders.

Danke Gott im Voraus, dass ...
... die Herzen aller Menschen von Liebe und Frieden erfüllt sind,
... in allen Völkern und Familien Frieden eingekehrt ist,
... er alle Politiker, Führungskräfte und Unternehmer führt und segnet,
... er die Gerechten stärkt,
... ihm alle Menschen freudig dienen,
... die Menschen sich gegenseitig vergeben haben,
... alle Menschen an Körper, Geist und Seele geheilt sind,
... alle Menschen ehrlich, gerecht und liebevoll sind,
... alle Menschen im Licht Gottes glücklich leben, ...

Betet für alle Menschen;
bringt eure Bitten, Wünsche, eure Anliegen
und euren Dank für sie vor Gott.
Betet besonders für alle,
die in Regierung und Staat Verantwortung tragen,
damit wir in Ruhe und Frieden leben können,
ehrfürchtig vor Gott und aufrichtig unseren Mitmenschen gegenüber.
1. Timotheus 2,1.2

Wenn du für deine Mitmenschen auf der ganzen Welt betest, gefällst du Gott und erfüllst ihm damit einen großen Wunsch, denn ...

... er will,
dass alle Menschen gerettet werden
und seine Wahrheit erkennen.
1. Timotheus 2,4

Für Gott sind alle Menschen Wunschkinder. Er wünscht sich, dass alle zu ihm zurück ins Licht finden, weil er weiß, dass sie nur bei ihm glücklich werden. Jesus Christus beschreibt in seinem Gleichnis „Die verlorene Münze“ (Lukas 15,10), wie sehr sich die Engel Gottes über einen einzigen Menschen freuen, der zu Gott zurückkehrt und ein neues Leben in der Liebe Gottes anfängt.

Wie ein Körper aus vielen Gliedern besteht und diese Glieder einen Leib bilden, so sind die Menschen Glieder eines großen Leibes, der großen göttlichen Familie. Genauso wie die Glieder eines menschlichen Körpers sind sie alle mit demselben Geist erfüllt, dem Geist Gottes. Auch Menschen, die noch nicht in der Liebe Gottes leben, tragen den göttlichen Lichtfunken in sich. Über ihn sind alle Menschen miteinander verbunden. Die von Liebe erfüllten Menschen können mit Gottes Hilfe den Lichtfunken ihrer Geschwister zu einem strahlenden Licht werden lassen, indem sie ihnen helfen, den Weg in die göttliche Heimat zu finden.

Unser Leib soll eine Einheit sein,
in der jedes einzelne Körperteil für das andere da ist.
Leidet ein Teil des Körpers, so leiden alle anderen mit,
und wird ein Teil geehrt, freuen sich auch alle anderen.
1. Korinther 12,25.26

Die Geschwister, die bereits im Licht leben, werden nicht ruhen, bis alle Menschen wieder in Gott vereint sind; denn das Unglück ihrer gottfernen Geschwister macht sie traurig.

Sobald du, liebe Leserin, lieber Leser, in der Liebe Gottes lebst, ist dir der Friede auf Erden ein großes Anliegen. Weil du dann alle Menschen liebst, willst du, dass es all deinen Brüdern und Schwestern gut geht; genauso wie eine Mutter, die ihre Kinder liebt, erst vollkommen glücklich ist, wenn alle ihre Kinder glücklich sind. Dieses Ziel ist nur im Frieden zu erreichen.

Er öffne euch die Augen,
damit ihr das Ziel seht, zu dem ihr berufen seid.
Er lasse euch erkennen, wie reich er euch beschenken will
und zu welcher Herrlichkeit er euch ... bestimmt hat.
Epheser 1,18

Gott will, dass alle Menschen in Glück und Frieden leben. Mit deinen guten Gedanken kannst du zu diesem wunderbaren Ziel erheblich beitragen. Wenn du mit Gott in Liebe verbunden bist, geht seine ganze Macht und Kraft auf dich über. Deine Gedanken sind nicht nur für dein eigenes Leben machtvolle Werkzeuge, sondern für die ganze Welt.

Ihr sollt begreifen, wie überwältigend groß die Kraft ist, mit der er in uns, den Glaubenden, wirkt.
Epheser 1,19

Mache die Erde zum Himmel!

Nutze diese göttliche Kraft in deinem Inneren, um dir und deinen Mitmenschen etwas Gutes zu tun. Zum Beispiel kannst du in Krisengebiete, in denen deine Mitmenschen durch Krieg, Hunger oder Umweltkatastrophen leiden, Gedanken der Liebe und des Friedens schicken. Du kannst auch Gott danken, dass er seinen göttlichen Scheinwerfer auf diese Regionen richtet und besonders viel Licht in die Herzen der Menschen dort strahlt. Damit schickst du diesen Menschen liebevolle Engel, die sie trösten und aufrichten.

Einen großen Beitrag für den Weltfrieden kannst du leisten, wenn du täglich für die Erde und ihre Bewohner betest. Jeden Morgen beginne ich den Tag mit einer kurzen Friedensmeditation. Sie ist ganz einfach und tut sehr gut:

Mit geschlossenen Augen und erhobenen Händen danke ich Gott für seine Liebe, seine Führung, seinen Schutz und sein Licht. Dabei stelle ich mir vor, wie Gott mich in sein weißes Licht vollkommen einhüllt und meinen ganzen Körper damit erfüllt.

Anschließend ziehe ich in Gedanken um unser Grundstück eine große Lichtmauer und danke Gott, dass das Grundstück ganz mit seinem Licht durchstrahlt ist. Ich danke ihm, dass alle, die sich hier aufhalten, göttlich geführt, geschützt und reich gesegnet sind. Dann dehne ich dieses Licht auf alle Nachbargrundstücke aus und sende meinen Nachbarn liebevolle Gedanken wie Heilung, Frieden, Licht, Liebe, Freude, Glück und Segen. Wenn alle Nachbarn versorgt sind, stelle ich mir vor, wie sich das weiße Licht über den ganzen Ort, das ganze Land und schließlich über die ganze Erde ausbreitet. Während ich das innere Bild genieße, dass der ganze Erdball von göttlichem Licht durchstrahlt ist und dieses Licht weit ins Weltall hinausleuchtet, wünsche ich allen Menschen und allen Wesen der Welt Licht, Liebe, Heil und Frieden.

Selbstverständlich kannst du, liebe Leserin, lieber Leser, auch deine eigene Friedensmeditation entwickeln. Es empfiehlt sich dabei, den Heiligen Geist anzurufen; er wird dir wunderbare Ideen eingeben. Die beschriebene Friedensmeditation dauert nur wenige Minuten, aber sie lohnt sich; denn wenn du diese oder deine eigene Friedensmeditation regelmäßig selbst durchführst, wirst du feststellen, wie alles, was du aussendest, vielfach auf dich zurückkommt. Ein wohltuender Frieden im eigenen Herzen und die Gewissheit, für die ganze Erde etwas sehr Gutes getan zu haben, sind nur der Anfang deines Glücks. Lasse dich überraschen, welche wundervollen Geschenke dir Gott darüber hinaus machen wird.

Gott danken – der beste Schutz für dich

Wenn du in der Liebe Gottes lebst, zählst du zu den Glücklichen, denen negative Gefühle wie Neid, Missgunst, Übelwollen und Hass fremd sind; denn zum einen weißt du, dass du aus der göttlichen Quelle alles erhältst, was du für dein Glück benötigst. Zum anderen freust du dich über das Glück der anderen, da du deine Mitmenschen liebst. Dieser Charakterzug bringt dir selbst viel Glück; denn so kannst du dich viel öfter freuen, als wenn du dich nur über dein eigenes Glück freuen würdest.

> *Liebe ist geduldig und freundlich.*
> *Sie kennt keinen Neid, keine Selbstsucht, ...*
> 1. Korinther 13,4

Sobald du dich auf den wundervollen Weg gemacht hast, den Gott für dein Leben vorgesehen hat, wird Gott dich reich beschenken. Dein großes Glück in geistiger und materieller Hinsicht wird anderen Menschen, die Gott fern sind, nicht verborgen bleiben. Zum einen bietet das eine Chance, diesen Menschen den Weg zu Gott schmackhaft zu machen; zum anderen kann es aber auch Neid und andere negative Emotionen hervorrufen, vor denen du dich schützen musst, um dein Glück genießen zu können. Sei unbesorgt: Gott bietet dir auch hier seine großartige Hilfe an.

Dein glückliches Leben unter göttlichem Schutz

Gott zu dienen, ist die beste Entscheidung, die du für dein Leben treffen kannst. Gott wird deinen Lebensweg mit Freude, Glück und Wohlergehen pflastern. Dem Teufel sind deine guten Werke und dein Glück jedoch ein Dorn im Auge. Je größer das Werk, das Gott mit dir vorhat, umso größer können die Steine sein, die dir die gottferne Seite in den Weg legen will.

Mein Kind, willst du Gottes Diener sein,
so bereite dich auf Anfechtung vor.
Sirach 2,1

Es ist völlig normal, wenn dich manchmal Zweifel und Ängste packen und du an einen Punkt kommst, wo du deinen Dienst für Gott hinwerfen willst. Dies sind Anfechtungen, die dich von deinen guten Werken und deinem Glück abhalten wollen.

Wir kämpfen gegen unsichtbare Mächte und Gewalten,
gegen die bösen Geister zwischen Himmel und Erde,
die jetzt diese dunkle Welt beherrschen.
Darum greift zu den Waffen Gottes!
Epheser 6,12.13

Keine Sorge: Gott ist kein Krieger und du brauchst auch keiner zu werden. Gott will Frieden auf der Welt und in deinem Herzen. Dafür stellt er dir mächtige friedliche Waffen zur Verfügung, die dich vor den Angriffen des Bösen perfekt schützen.

Die beste Waffe ist: Lob und Dank an Gott!

Wenn dir der Feind gegenübersteht, dann lobe und danke Gott! Dies zerschlägt die Macht des Bösen und hüllt dich in einen göttlichen Schutzmantel ein. Wie wirkungsvoll diese Waffe ist, durfte schon Joschafat, der König von Juda, erfahren. Die Bibel erzählt in der zweiten Chronik 20 seine eindrucksvolle Geschichte:

Joschafat war ein Mann, der den Willen Gottes befolgen und sein Land in Frieden regieren wollte. Eines Tages rückte ein großes feindliches Heer gegen ihn und sein Land vor. Als Boten diese Schreckensnachricht verkündeten, betete Joschafat zusammen mit vielen Einwohnern des Landes: „Herr unser Gott! ... Bei dir ist alle Kraft und Macht, so dass niemand es mit dir aufnehmen kann. ... Wir können gegen diese Übermacht (der Feinde) nichts ausrichten. Wir wissen nicht, was wir tun sollen. Darum blicken wir auf dich!"

Da empfing mitten in dieser Versammlung ein Mann namens Jahasiël von Gott eine Botschaft und rief: „Hört her, Leute von Juda, ihr Einwohner von Jerusalem und vor allem du, König Joschafat! Der Herr lässt euch sagen: ‚Habt keine Angst! Erschreckt nicht vor der Übermacht! Dieser Kampf ist nicht eure, sondern meine Sache! ... Ihr selbst braucht nicht zu kämpfen, bleibt ruhig stehen und schaut zu, wie ich, der Herr, für euch den Sieg erringe.' ... Zieht ihnen morgen entgegen und der Herr wird bei euch sein." Nach dieser frohen Botschaft beteten alle Gott an und sie priesen ihn mit machtvollem Gesang.

Am nächsten Morgen, vor ihrem Aufbruch, sagte Joschafat zu seinen Leuten: „... Vertraut dem Herrn, eurem Gott, dann werdet ihr stark sein ... und ihr werdet siegen!" Dann stellte er die Tempelsänger an die Spitze des Heeres, damit sie den Herrn preisen mit dem Lied: „Dankt dem Herrn, denn seine Liebe hört niemals auf!"

Als sie anfingen zu singen, stürzte der Herr die Feinde, die ihnen entgegen rückten, in Verwirrung, so dass sie sich gegenseitig vernichteten. ... Als die Leute von Juda zu der Anhöhe kamen, von der aus sie die Wüste übersehen konnten, und nach dem feindlichen Heer ausschauten, sahen sie nur Tote am Boden liegen. Nicht einer war mit dem Leben davon gekommen.

Joschafat und seine Leute versammelten sich daraufhin im Beracha-Tal, um dem Herrn zu danken. Von daher hat das Tal seinen Namen „Danktal". Dann kehrten sie alle nach Jerusalem zurück. Sie waren voller Freude, weil der Herr ihnen gegen ihre Feinde geholfen hatte. In der folgenden Zeit konnte Joschafat ungestört regieren, denn Gott schenkte ihm Frieden an allen Grenzen.

Festes Vertrauen – das Schild gegen geistige Pfeile

Mache es wie König Joschafat: Sei mutig und stark! Halte unbeirrt an deinem Entschluss fest, nach Gottes Willen zu leben und ihm zu dienen. Bleibe in der Liebe, denn wahre Liebe vertreibt die Angst (1. Johannes 4,18). Setze alles auf Gott. Singe ihm Loblieder, danke ihm im Voraus und vertraue fest auf seine Hilfe. Dein Lohn ist dir dann sicher: Sieg über das Böse, Frieden, ewige Freude und dauerhaftes Glück.

Haltet das feste Vertrauen als den Schild vor euch,
mit dem ihr die Brandpfeile des Satans abfangen könnt.
Die Gewissheit eurer Rettung sei euer Helm und
das Wort Gottes das Schwert, das der Geist euch gibt.
Vergesst dabei nicht das Gebet!
Epheser 6,16-18

Wäre König Joschafat ohne Gebet und ohne Gottes Hilfe in den Kampf gezogen, wären er und sein Heer untergegangen. Auch wir, die heute Gott sei Dank in einem friedlichen Land leben dürfen, sind massiven Angriffen ausgesetzt – nicht von menschlichen Heeren, sondern aus der gottfernen geistigen Welt. Ohne die Hilfe und den Schutz Gottes würden wir dadurch Schaden nehmen oder sogar daran zu Grunde gehen.

So wie die Engel Gottes der Liebe dienen, hat auch der Teufel seine Diener. Diese bösen Geister wollen den Menschen Unheil bringen. Sie versuchen zum Beispiel, den Menschen negative Gedanken einzugeben oder sie zu bösen Taten anzustacheln.

Ohne göttlichen Schutz können dir böse Gedanken, die dir andere Menschen schicken, erheblich schaden. Dabei muss der Absender nicht direkt neben dir stehen; sondern er kann seine dunkle Post, die zum Beispiel aus neidigen, missgünstigen, übelwollenden oder hasserfüllten Gedanken bestehen kann, auch aus weiter Entfernung zu dir schicken.

Empfindsame Menschen können durch solche geistigen Giftpfeile depressiv und energielos werden. Halten die Angriffe längere Zeit an, können sie den Lebenswillen des Betroffenen auf Null sinken lassen; sogar Selbstmord-Gedanken und ernste körperliche Krankheiten können die Folge sein. So berichtet Beatrice, eine Frau, die jahrelang mit schweren Depressionen zu kämpfen hatte:

Ich bin ein Mensch, der sehr stark die Emotionen der anderen Menschen spürt. So erlebte ich zum Beispiel Folgendes: Noch bevor ich am Morgen mein Büro betrat, wusste ich schon, dass meine Zimmerkollegin gerade wütend war. Als ich ins Zimmer kam, entdeckte ich sie wirklich mit hochrotem Kopf und schlechter Laune hinter ihrem Computer.

Lange Zeit fühlte ich mich in großen Menschenmengen unwohl, weil mir die negativen Emotionen mancher Menschen zusetzten. Auch zuhause erlebte ich immer wieder, dass ich, obwohl ich gerade noch fröhlich war, plötzlich von negativen Gefühlen angefallen wurde. Ohne äußeren erkennbaren Grund machte sich plötzlich eine depressive Stimmung in mir breit. Dies hielt über Jahre an und verstärkte sich so, dass ich immer wieder Augenblicke erlebte, in denen ich nicht mehr leben wollte und an Selbstmord dachte.

Gott sei Dank bin ich heute davon erlöst. Als ich von lieben Menschen, denen ich mein Problem anvertraut hatte, erfuhr, dass böse Gedanken anderer Menschen Depressionen verursachen können, analysierte ich mein Umfeld. Tatsächlich gab es in meinem Leben mehrere Menschen, die mir neidig, missgünstig und sogar übelwollend waren. Sie waren selbst nicht glücklich und gönnten mir mein Glück nicht. Um mich vor ihrer negativen Gedankenpost zu schützen, rieten mir meine Freunde: „Danke Gott in allen Lebenslagen. Ständige Dankbarkeit baut einen göttlichen Schutzmantel um dich herum auf, der dich vor den geistigen Angriffen deiner Feinde bewahrt."

Es dauerte einige Zeit, bis ich das Gefühl der Dankbarkeit als ständigen Begleiter in mir aktiviert hatte. Aber Gott half mir auch dabei; denn er brachte mich auf die Idee, dafür zu danken, dass ich immer dankbar bin. Seither geht es mir viel besser. Die Depressionen sind völlig verschwunden. Als fröhlicher Mensch genieße ich jetzt mein Leben. Und noch etwas genieße ich sehr: das Gefühl der Dankbarkeit. Es ist befreiend, erhebend und macht mich glücklich!

Beatrice

Den Herrn will ich preisen zu jeder Zeit,
nie will ich aufhören, ihm zu danken.
Psalm 34,2

Deine himmlischen Body-Guards

Warum schützt dich Gott, wenn du ihn lobst und ihm dankst? Das Danken schenkt dir großes Vertrauen zu Gott; und Vertrauen ist ja der Schlüssel zu Gottes Hilfe. Auch König Joschafat wusste dies. Deshalb rief er vor dem Aufbruch seine Leute auf, Gott zu vertrauen; und Joschafat half seinen Leuten dabei, indem er den Tempelsängern auftrug, ein Danklied zu singen.

Wenn du Gott lobst und dankst, erkennst du damit seine Macht und Größe an und verbindest dich mit seiner Stärke.

Gott selber sagt:
Er hängt an mir mit ganzer Liebe,
darum werde ich ihn bewahren.
Weil er mich kennt und ehrt,
werde ich ihn in Sicherheit bringen.
Psalm 91,14

Gott schickt dir dann mächtige Engel, die dich wie Body-Guards vor allem Bösen schützen (Psalm 91,11; Psalm 34,8). Diese lichtvollen Wesen hüllen dich ganz in göttliches Licht ein. In dieser Lichtburg Gottes darfst du voller Vertrauen sein; denn Gott schützt dich perfekt.

Der Herr ist mein Licht,
er befreit mich und hilft mir;
darum habe ich keine Angst.
Bei ihm bin ich sicher wie in einer Burg;
darum zittere ich vor niemand.
Wenn meine Feinde mich bedrängen,
wenn sie mir voller Hass ans Leben wollen,
dann stürzen sie und richten sich zugrunde.
Psalm 27,1.2

Wie die Saat, so die Ernte

Die Wahrheit, die im Psalm 27,1.2 liegt, durfte auch König Joschafat erleben. Gott schützte ihn und sein Volk. Seine Feinde richteten sich selbst zugrunde.

Denn *jeder wird ernten, was er gesät hat* (Galater 6,7). Wer sich vom Geist Gottes leiten lässt und gute, liebevolle Gedanken, Worte und Taten sät, wird ein glückliches Leben ernten.

Jedoch alle, die mit dunklen Gedanken, üblen Wünschen oder schlechten Taten ihren Mitmenschen schaden, ernten Unglück und stürzen sich damit selbst ins Verderben; auch wenn dies oft nicht sofort erkennbar ist, werden sie alle Fehler vor Gott verantworten müssen (Johannes 5,29).

Die göttliche Return-Taste

Sorge dich nicht, falls dir nun deine eigenen Fehler einfallen. Welcher Mensch ist schon fehlerfrei? Außerdem ist Gottes Gnade groß, wenn wir Menschen unsere Fehler erkennen und bereuen. Gott will nicht, dass uns Schuldgefühle quälen. Nimm das großartige Angebot der Vergebung, das Gott uns durch Jesus Christus macht, an: Gib einfach all deine Schuld an Gott ab. Du kannst auch dafür danken, dass Gott deine Schuld von dir genommen hat. Wenn du das Gebet

Danke, lieber Gott,
dass all meine Fehler und deren Auswirkungen
in Vergangenheit, Gegenwart und Zukunft
im Licht deiner Liebe ausgelöscht sind.

mit diesen oder eigenen Worten aufrichtig betest, wird Gott dir dieses Geschenk machen. Natürlich musst du auch bereit sein, dir selbst und allen anderen zu verzeihen, damit Gott dir vergeben kann (Markus 11,25).

Dieses Dankgebet gefällt mir besonders gut. Immer wenn ich einen Fehler gemacht habe und am liebsten die Lösch-Taste drücken würde, wende ich mich mit diesem Gebet an Gott. Zudem danke ich Gott, dass er die betreffende Situation reich segnet. Dann darf ich darauf vertrauen, dass Gott etwas sehr Gutes daraus entstehen lässt.

Auch wenn sich Gedanken in mein Denken einschleichen, die ich ablehne, lege ich sie vor Gott und danke ihm dafür, dass er sie samt deren Auswirkungen bereits im göttlichen Licht ausgelöscht hat. Gleich hinterher schicke ich folgendes Gebet:

Danke, lieber Gott,
dass all meine Gedanken immer liebevoll und rein sind;
danke für die Reinheit und die Einheit mit Gott.

Nur göttliche Geschenke machen glücklich

Jesus Christus wusste, warum er der Versuchung des Teufels widerstand, als ihm dieser alle Reiche dieser Welt anbot (Matthäus 4,8-10); denn wer sich mit der gottfernen Seite einlässt, stürzt sich selbst ins Unglück.

Denn welchen Nutzen hätte der Mensch,
wenn er die ganze Welt gewönne und
verlöre sich selbst oder nähme Schaden an sich selbst?
Lukas 9,25

Jesus weiß, dass die Reichtümer der gottfernen Seite kein Glück bringen. Er warnt vor jeder Art von Habgier und sagt: *Niemand lebt davon, dass er viele Güter hat* (Lukas 12,15). Die Unzufriedenheit der vielen habgierigen Reichen, die nie genug Güter anhäufen können, ist der beste Beweis dafür, dass Güter alleine nicht glücklich machen.

Jesus weiß, dass nur der Geist Gottes glücklich machen kann; und er weiß, dass wir uns ganz für Gott entscheiden müssen, um glücklich zu werden; denn *niemand kann zwei Herren dienen* (Matthäus 6,24). Jesus kennt das glückliche Leben in der Herrlichkeit Gottes, das auf alle wartet, die Gott dienen. Nur dem, der sich für Gott entscheidet, ist wahrer Reichtum, innerer Frieden und Glück sicher. Die geistigen und materiellen Geschenke, die von Gott kommen, machen den Empfänger glücklich, weil Freude und Dankbarkeit gratis mitgeliefert werden.

Im Lichtschutz Gottes sicher leben

Gott regelmäßig allgemein für alles zu danken, ist sehr gut und wichtig; denn es baut einen Lichtschutz um dich herum auf. Damit du in Ruhe leben und für Gott wirken kannst, empfiehlt es sich zusätzlich, regelmäßig um Schutz zu beten. Jesus Christus selbst forderte seine Jünger auf: *Betet, damit ihr nicht in Anfechtung fallt!* (Lukas 22,40). Ein Gebet, das dich und deine Lieben vor der dunklen Macht des Bösen schützt, kann zum Beispiel lauten:

Danke, lieber Gott,
dass du meine Lieben, mich und all meine Werke
schützt und alles Dunkle und Böse von uns fernhältst,
jetzt und immer.

Du kannst Gott auch täglich dafür danken, dass du und deine Lieben ganz in sein schützendes Licht eingehüllt sind. Visuell kannst du dein Gebet unterstützen, indem du dir vorstellst, dass du dich in einem göttlichen Licht-„Ei" befindest, das ganz von weißem Licht durchstrahlt ist. Wichtig dabei ist, dass sich dein gesamter Körper innerhalb dieses Licht-„Eies" befindet, also kein Körperteil herausschaut.

Zieht an die Waffenrüstung Gottes,
damit ihr bestehen könnt gegen
die listigen Anschläge des Teufels.
Epheser 6,11

Alles Negative prallt an der „Schale deines göttlichen Licht-Eies" ab und kann dir nicht schaden; denn du bist geschützt durch die weiße Lichtenergie mächtiger Engel Gottes.

Mache es wie König Joschafat: Lasse den Kampf mit den dunklen Mächten Gott und seine mächtigen Engel führen. Du selbst brauchst nicht zu kämpfen und darfst sehen, wie Gott für dich den Sieg erringt.

Lege deine göttliche Schutzausrüstung täglich an. Regelmäßiger Lichtschutz ist genauso wichtig wie Zähneputzen, am besten zweimal pro Tag: Morgens nach dem Aufwachen, so bist du tagsüber geschützt, und abends vor dem Einschlafen, damit du nachts geschützt bist.

Du kannst den Lichtschutz noch um ein Element erweitern: Stelle dir vor, dass sich an der oberen Seite deines Licht-„Eies“ ein langes Licht-„Rohr“ befindet, das dein Licht-„Ei“ mit der großen göttlichen „Quelle“ verbindet. Über dieses Rohr fließt ständig Energie von Gott zu dir und versorgt dich mit Liebe und Kraft.

Werdet stark durch die Verbindung mit dem Herrn!
Lasst euch stärken von seiner Kraft!
Epheser 6,10

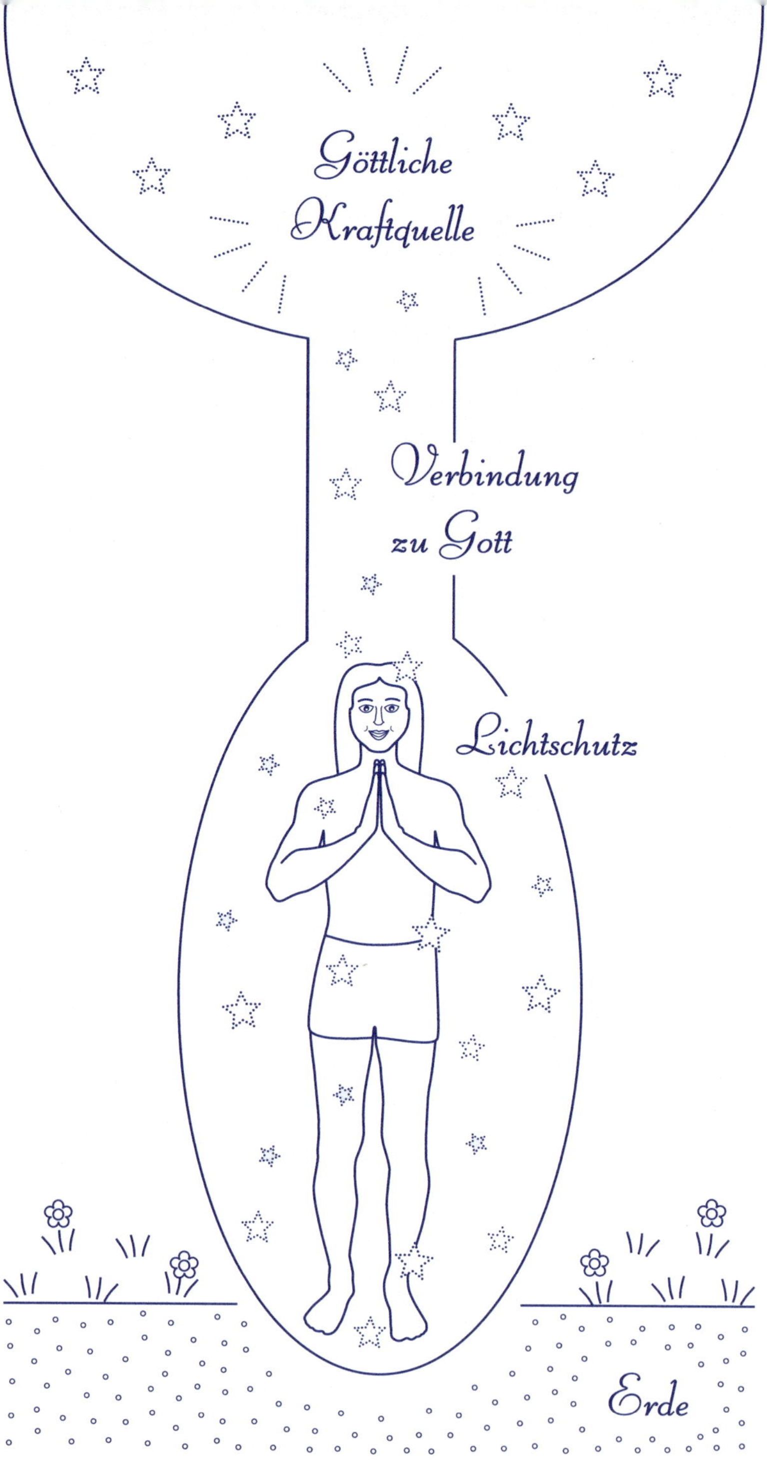
Göttliche Kraftquelle
Verbindung zu Gott
Lichtschutz
Erde

Wunder mit Rätseln

Gott will für dich nur eines: das Allerbeste! Auf ungewöhnliche Weise zeigte er mir dies, als ich an einem schönen Sommertag mit meinem Mann Michael spazieren ging. Still genossen wir die Natur. In Gedanken besprach ich mit Gott, wie unser neues Zuhause aussehen könnte: „Vielleicht reicht ja eine kleine Drei-Zimmer-Wohnung“, überlegte ich gerade. In diesem Moment fuhr ein Radfahrer an uns vorbei, der auf seinem Gepäckträger ein großes auffälliges Schild befestigt hatte. Darauf stand in sehr großer Schrift: „Für mich nur das Beste!“

Michael und ich waren völlig verwundert, weil uns so etwas noch nie zuvor begegnet war. Als ich meinem Mann erzählte, was ich gerade gedacht hatte, meinte er: „Vielleicht will Gott dir damit sagen, dass du deine Wünsche nicht einschränken sollst. Er will uns doch das Allerbeste schenken!“

Das ist wirklich so. Wie soll Gott uns reich beschenken, wenn er von uns einen zu bescheidenen Wunschzettel erhält? Fordere deshalb von Gott nur das Allerbeste für dich, und er wird es dir schenken.

Ich danke dir von ganzem Herzen; ...
Du hast dein Versprechen erfüllt,
ja, du hast noch viel mehr getan, als wir von dir erwartet hatten!
... du ermutigst mich zu den kühnsten Wünschen.
Psalm 138,1-3

Das Beste für dein Glück

Wenn du das Allerbeste von Gott forderst, kann es passieren, dass du überrascht von Gottes Wahl bist, weil er dich viel reicher beschenkt, als du es je zu träumen gewagt hättest. Vielleicht wunderst du dich auch über Gottes Wahl, weil du plötzlich Seiten an seinem Geschenk entdeckst, die du zunächst nicht verstehst oder die dich sogar ärgern. Doch bleibe im Vertrauen und danke Gott für sein Geschenk; denn Gottes Wahl dient hundertprozentig deinem Glück, auch dann, wenn dies nicht sofort erkennbar sein sollte.

Wie rätselhaft sind mir deine Gedanken, Gott,
und wie unermesslich ist ihre Fülle!
Psalm 139,17

Voller Zuversicht darfst du darauf warten, dass das göttliche Licht alle Rätsel für dich löst. Irgendwann wirst du erleichtert sagen: „Gott sei Dank war es so, wie es war. Gott hat alles sehr gut gemacht."

Herr, es macht Freude, dir zu danken, ...
Was du getan hast, Herr, macht mich froh;
dein Eingreifen löst meinen Jubel aus.
Psalm 92,2.5

Welch ein Geschenk!

Ein Wunder mit Rätseln erlebten mein Mann Michael und ich, als wir auf der Suche nach einem neuen Zuhause waren. Damals war Michael beruflich in eine Gegend versetzt worden, in der das Leben deutlich günstiger war. Wir freuten uns darüber und erkundeten erwartungsfroh den Wohnungsmarkt.

Als unsere intensive Suche nach einer Drei- bis Vier-Zimmerwohnung erfolglos geblieben war und die Zeit drängte, brachten wir unser Anliegen vor Gott. Wir dankten ihm im Voraus, dass „wir das für uns beste Zuhause mit den für uns besten Nachbarn schon bekommen haben“.

Nur wenige Tage später bot sich uns eine neu gebaute hübsche Doppelhaushälfte in schöner Umgebung, nahe bei der Arbeitsstätte meines Mannes, zu einem passablen Mietpreis. Das übertraf all unsere Erwartungen. So schön hatten wir beide noch nie zuvor gewohnt. Enthusiastisch begannen wir, das Haus schön einzurichten und den Garten liebevoll anzulegen. Wir fühlten uns reich von Gott beschenkt.

Doch bald mussten wir feststellen, dass unser neues Zuhause einige unschöne Seiten aufwies. Neben stinkendem Grillrauch und Zigarettenrauch von Kettenrauchern, Schreien und stumpfsinnigen Sendungen aus dem Fernseher der Nachbarn, extrem destruktiver lauter Musik aus mehreren Nachbarshäusern und Müll in unseren Beeten nach Feiern unserer Nachbarn gab es dort einige frei laufende Katzen und Hunde, deren Hinterlassenschaften regelmäßig in unserem Rasen, auf den Gartenwegen, den Beeten und dem Gehweg vor dem Haus zu finden waren. Das ging so weit, dass es auf unserer Terrasse wie in einer nicht geputzten Toilette stank, da eine Katze mehrmals pro Woche unsere Gartenmöbel anpinkelte. Auch unsere Haustür blieb davon nicht verschont. Die Fußabstreifer vor der Haus- und Terrassentür mussten wir ersetzen, da die Tiere darauf ihr Geschäft verrichtet hatten. Wenn wir unsere Wiese im Garten betraten, mussten wir aufpassen, nicht auf einem stinkenden Haufen auszurutschen. Bald wussten wir nicht mehr, wie wir den Rasen mähen sollten. Es war ein Graus.

Wenn wir das Problem bei den Tierhaltern freundlich ansprachen, reagierten diese gleichgültig oder sogar aggressiv. Auch ein wiederholter Aufruf der Gemeinde, da nicht nur wir diese Probleme hatten, brachte keinen Erfolg.

Wenn wir im Vorgarten waren und Passanten auf der Straße grüßten, passierte es mehrmals, dass die gegrüßte Person ruckartig den Kopf wegdrehte oder uns verärgert zu verstehen gab, dass wir sie mit unserem Gruß nicht belästigen sollten.

Schließlich beschimpfte uns dort ein Alkoholiker und drohte, uns etwas anzutun.

Wegen dieser und noch einiger anderer unschöner Erlebnisse begannen wir, uns dort sehr unwohl zu fühlen. Zunächst glaubten wir, dass wir einen riesigen Fehler gemacht hätten, dorthin zu ziehen. Wir erinnerten uns an unser Gebet und fragten Gott, ob dies wirklich die besten Nachbarn für uns seien.

Entrüste dich nicht ...
Verlass dich auf den Herrn und tue Gutes!
Sei geduldig und warte darauf, dass der Herr eingreift!
Denn der Herr liebt Gerechtigkeit und lässt keinen im Stich, der ihn ehrt.

Psalm 37,1.3.7.28

Danke für alles

Gott ließ uns wirklich nicht im Stich. Er gab uns die Kraft, all diese Menschen und Tiere zu segnen und für sie zu beten; und er half uns, trotzdem dankbar zu sein. Zuerst dankten Michael und ich für alles, was dort gut war: zum Beispiel die schönen hellen Räume unseres Zuhauses, die hübschen Pflanzen in unserem Garten, keine Belastung durch Verkehrslärm oder Abgase, die schöne Landschaft und die gute Infrastruktur. Es gab dort auch wenige sehr liebenswürdige Nachbarn, die wir besonders schätzten.

Im nächsten Schritt begannen wir, für alles zu danken, was wir uns wünschten. Das Danken im Voraus kostete uns Kraft und Zeit, aber es lohnte sich. Sofort brachte es uns Frieden im Herzen und nach einiger Zeit, in der wir Ausdauer und Vertrauen üben konnten, Gott sei Dank auch Frieden in unserer Umgebung. Gott beschenkte uns in dieser Zeit reich mit zahlreichen Wundern.

Als Antwort auf unsere Dankgebete erlöste er uns von Grill- und Zigarettenrauch und schenkte uns gute Luft. Er erlöste uns von Fernsehlärm und destruktiver Musik und schenkte uns wohltuende Ruhe. Da in unserer Nachbarschaft mehrere Jugendliche wohnten, die mit ihrer unangenehmen Musik die Gegend beschallten, waren wir unbeschreiblich dankbar, das Rezept des Dankens zu kennen. Manches Mal musste ich meine Arbeit unterbrechen, um mich ganz auf das Danken zu konzentrieren. Doch nach kurzer Zeit trat regelmäßig Ruhe ein. Dies funktionierte bei allen Jugendlichen aus unserer Nachbarschaft.

Auch vor den unfreundlichen Passanten bewahrte uns Gott, indem wir ihnen nicht oder kaum mehr begegneten. Stattdessen schickte er uns nette Passanten, die uns freundlich grüßten, während sie an unserem Gartenzaun entlangliefen.

Schließlich erlöste uns Gott von einer unangenehmen Nachbarsfamilie ganz, indem sie wegzog, und schenkte uns dafür gleich zwei neue sehr freundliche Familien in unserer Nachbarschaft.

Sogar Müll und Hinterlassenschaften der Tiere hielt Gott von unserem Garten und Gehweg fern, nachdem wir für Reinheit in diesen Bereichen gedankt hatten. Damit dies auch sicher funktionierte, war jedoch wie immer ein großes Vertrauen zu Gott nötig. Sobald ich begann, an seiner Hilfe zu zweifeln, waren die unerfreulichen Dinge wieder da. Deshalb ging ich dazu über, Gott auch in diesen Angelegenheiten ganz zu vertrauen.

Noch etwas hat mein Vertrauen zu Gott in dieser Zeit enorm gestärkt: die unzähligen Wetter-Wunder. Michael und ich kamen beide aus einer niederschlagsreichen Gegend, in der wir es als selbstverständlich ansahen, dass es ausreichend regnete. Hier dagegen erlebten wir viele Trockenperioden. Weil in der ersten Zeit das Gartengießen wegen des Zigarettenrauchs sehr unangenehm war, übten wir uns fleißig im Beten. Gott erhörte unsere Gebete treu und häufig entgegen der Wettervorhersagen. So durften wir immer wieder erleben, dass wie gewünscht starker Regen und Abkühlung eintraten statt, wie vorhergesagt, Sommerhitze ohne Niederschläge.

Gottes Licht löst alle Rätsel

Mit seinem Geschenk, unserem neuen Zuhause, gab Gott meinem Mann und mir viele Gelegenheiten, die Wirkung des Dankens bei den unterschiedlichsten Problemen auszuprobieren. Deshalb sind wir für alle widrigen Bedingungen, die wir damals hatten, Gott sehr dankbar; denn ohne sie hätten wir nicht die vielen wundervollen Dankes-Erfahrungen machen können. Mit ihnen schenkte uns Gott die Gewissheit, das er uns Menschen auch bei solch alltäglichen Problemen hilft und Wunder geschehen lässt, wenn wir ihm danken.

Ohne diese Erlebnisse würdest du, liebe Leserin, lieber Leser, nun dieses Buch nicht in deinen Händen halten; denn ich musste mir erst ganz sicher sein, dass das Danken in verschiedensten Lebenslagen zuverlässig Hilfe bringt, sonst hätte ich dieses Buch nicht geschrieben. So ließ Gott aus den zunächst unerfreulichen Rätseln, die uns sein Geschenk aufgab, etwas Wunderbares entstehen.

Wie Gott dieses Buch schuf

Bevor der erste Gedanke daran existierte und ein Buchstabe geschrieben war, wusste Gott schon genau, wie es fertig aussehen sollte – dieses Buch, das du gerade liest.

Mit einer göttlichen Idee und fünf Worten fing alles an. In meinem Inneren forderte mich eine leise Stimme auf: „Schreibe ein Buch für mich!“ Erstaunt fragte ich: „Ja, lieber Gott, wie soll es heißen?“ „Die Heilkraft des Dankens“, hörte ich die Stimme sagen. „Das hört sich gut an“, meinte ich und fragte: „Und wovon handelt das Buch?“ „Über den Segen des Dankens und deine Erfahrungen mit mir.“ Erstaunt und etwas zögernd antwortete ich: „Ja, Herr, wie du willst.“ Weil ich gerade an einigen anderen Projekten arbeitete, dachte ich jedoch bald nicht mehr an meinen göttlichen Auftrag.

Nach einiger Zeit meldete sich Gott bei mir wieder mit seinem Wunsch. Ich war gerade ins Gebet versenkt und fragte Gott, wie ich ihm dienen könne. Jetzt hörte ich wieder die liebevolle Stimme in meinem Inneren, die zu mir sagte: „Schreibe endlich dieses Buch!“ Sofort erinnerte ich mich an unser früheres Gespräch. Ich wusste genau, welches Buch Gott meinte, aber ich drückte mich etwas davor. „Meine Gebetserhörungen in einem Buch veröffentlichen? Das heißt, sie der ganzen Welt erzählen. Will ich das?“, fragte ich mich. „Wo bleibt da meine Privatsphäre?“

Eifrig und voller Freude arbeitete ich an meinen Kinderbüchern weiter. „Sie schreibe und male ich schließlich auch mit und für Gott“, dachte ich mir etwas entschuldigend. Doch es dauerte nicht lange, da meldete sich Gott wieder mit seinem Anliegen: „Schreibe endlich dieses Buch!“

Weil ich immer noch nicht Gottes Wunsch nachkam, wurde in den nächsten Wochen und Monaten seine Stimme in mir immer lauter und energischer. Deshalb entschloss ich mich eines Tages dazu, einige Gebetserhörungen in Tagebuchform für mich aufzuschreiben. Als ich feststellte, wie viel Spaß mir das machte, wollte ich nicht mehr damit aufhören. Gott schenkte mir so viel Freude und Elan für diese Arbeit, dass ich bald dazu überging, an seinem Buch „Die Heilkraft des Dankens“ zu arbeiten. Jetzt hatte mich das Schreib-Fieber ergriffen. Enthusiastisch nutzte ich jede freie Minute für das Buch, das Gott sich von mir wünschte.

Er belohnte mich reich dafür. Schon beim Schreiben saß ich oft mit Freudentränen in den Augen vor dem Computer, weil mir bewusst wurde, was Gott in meinem Leben Wundervolles getan hatte. Deshalb empfehle ich dir: Schreibe deine Gebetserlebnisse auf. Dies macht zum einen große Freude und gibt zum anderen in Krisen-Zeiten wieder Mut. Zudem nimmst du dadurch Gottes Gnade in deinem Leben auch künftig viel bewusster wahr.

Göttlich geführt

Wenn ich für Gott ein Märchen schreibe, versenke ich mich zunächst ins Gebet. Gott antwortet mir in seiner liebevollen Art auf verschiedene Weise. Entweder lässt er vor meinem inneren Auge einen bunten Film ablaufen, den ich anschließend in Worte fasse und in meinen Bildern zu Papier bringe; oder er diktiert mir den Text, den ich aufschreibe. Manchmal wache ich morgens auf und erinnere mich an einen schönen Traum, den ich sofort notiere. Sobald ich am Computer sitze, um die Idee einzutippen, diktiert mir Gott dazu ein wunderschönes Märchen. In einigen Fällen höre ich erst einmal nur die Überschrift des nächsten Märchens, das ich für Gott schreiben darf. Wenn ich mich dann an meinen Computer setze, freue ich mich jedes Mal gespannt auf den Inhalt der neuen Geschichte.

Auf solch spannende Weise ist auch dieses Buch entstanden. Mehr als den Titel und eine grobe Gliederung, die ich in meinem Inneren hörte, wusste ich nicht über dieses Buch. Wenn ich mehr von Gott wissen wollte, hörte ich eine liebe Stimme sagen: „Setze dich an deinen Computer, wir werden dir alles eingeben und dir beim Schreiben helfen!“ Gott und seine himmlischen Helfer haben ihr Versprechen gehalten. Sobald ich eine neue Datei geöffnet hatte, stürmten Ideen über Ideen auf mich ein; ganze Texte diktierten sich in enormer Geschwindigkeit. Wenn ich am nächsten Tag an einem Kapitel weiterarbeiten wollte, kamen so viele neue Ideen für weitere Kapitel hinzu, dass ich oft zehn Kapitel gleichzeitig bearbeitete, um alles festzuhalten, was ich hörte.

Damit ich ganz sicher sein konnte, dass es Gottes Stimme war, die zu mir sprach, versenkte ich mich vor jedem Schreiben ins Gebet. Ich dankte Gott, Jesus Christus und den göttlichen Engeln, dass sie bei mir sind, mich unterstützen und von mir alles fernhalten, was nicht von Gott ist. Ich dankte Gott für die Führung meiner Gedanken und Hände und dafür, dass ich sein Werkzeug der Liebe und des Friedens sein darf. Ich dankte Gott, dass er mich ganz mit seinem Heiligen Geist erfüllt und er selbst dieses Buch durch mich schreibt, damit es ihm und den Menschen dient.

Göttlich arrangiert

Während ich die Texte für dieses Buch empfing und schrieb, fühlte ich mich jedes Mal großartig. Auch beim Durchlesen empfand ich ein großes Glück in mir. Da manches für mich selbst neu war, wusste ich, dass Gott am Werk war. Glücklich dankte ich ihm für seine wundervollen Texte, die er mir eingegeben hatte.

Durch dieses Buch lernte ich selbst viel. Gott führte mich durch die Kapitel, von denen ich oft vor dem Schreiben nicht die geringste Ahnung hatte, wie sie aussehen sollten. Er zeigte mir, welche Gebetserhörungen in welche Kapitel passten. Erst dabei wurde mir oft bewusst, warum sich manche Ereignisse in meinem Leben zugetragen hatten.

Wenn mir aus meinem eigenen Leben praktische Erfahrungen zu Gottes theoretischen Texten fehlten, verschaffte er mir diese auf wunderbare Weise. Entweder durfte ich selbst kurz darauf eine passende Gebetserfahrung machen oder er brachte mich zum richtigen Zeitpunkt mit Menschen ins Gespräch, die genau die Gebetserhörungen erlebt hatten, die ich für mein Buch suchte. So geschah es zum Beispiel, dass ich an einem Kapitel schrieb, für das mir ein erlebtes Wunder fehlte. Deshalb dankte ich Gott im Voraus, dass „er mir ein solches schon beschafft hat". Nur einen Tag später rief mich eine Freundin an und berichtete mir: „Stell dir vor, was mir gestern Nachmittag passiert ist ..." Sie erzählte mir eine Gebetserhörung, die genau zu meinem Kapitel passte. Mit ihrer Einwilligung nahm ich sie gleich in dieses Buch auf. In meinem Inneren hörte ich die himmlischen Mächte sagen: „Haben wir das nicht gut für dich arrangiert?"

Gott arrangierte noch viele weitere Wunder, damit dieses Buch so werden konnte, wie es ist. Zum Beispiel klingelte es abends an unserer Tür. Unser freundlicher Nachbar, ein Pfarrer im Ruhestand, besuchte uns überraschend und erzählte von seinen Erlebnissen der letzten Tage. Während ich seiner Erzählung still zuhörte, musste ich staunen. Was er da sagte, war genau die Bestätigung für mein Kapitel, das ich gerade schrieb. Nur einen Tag zuvor hatte ich Gott gebeten, er solle mir bestätigen, ob bestimmte Inhalte, die mir in diesem Kapitel diktiert wurden, wirklich der Wahrheit entsprachen. Weil Gott mir zeigen wollte, dass ich meiner inneren Stimme trauen darf, schickte er mir den Pfarrer vorbei. Freudig sagte ich zu dem Pfarrer: „Ich danke Gott, dass er Sie heute zu uns geführt hat. Jetzt weiß ich, dass es wahr ist.“ Dann erzählte ich ihm von meinem Gebet.

Schon einmal durfte ich durch den Besuch dieses Pfarrers eine außergewöhnliche Gebetserhörung erleben; sie ist im Kapitel „Überraschend schnelle Wunder“ beschrieben. Damals suchte ich für dieses Buch einen wichtigen Bibeltext – und Gott half mir dabei auf unglaubliche Weise.

Wie Gott die Bibel ins Spiel brachte

Ehrlich gesagt hatte ich nicht vor, Bibelzitate in dieses Buch aufzunehmen. Das war Gottes Idee. Kurz nachdem ich mit dem Schreiben begonnen hatte, forderte er mich auf, die Bibel aus dem Schrank zu holen. Weil es schon eine Zeit her war, dass ich sie das letzte Mal in der Hand hatte, sagte ich zu Gott: „Du kennst dich mit diesem Buch besser aus als ich. Wenn du willst, dass ich daraus zitieren soll, musst du mich führen!“ Mit liebevoller Stimme antwortete mir Gott: „Ich werde dich führen. Lege deine Hand darauf, konzentriere dich auf mich und schlage dann eine Seite auf!“ Erwartungsvoll folgte ich seinem Vorschlag und schlug eine Seite auf. Mein erster Blick fiel auf eine Textstelle, die genau zu dem Kapitel passte, das ich gerade schrieb. Ehrfurchtsvoll dankte ich Gott: „Herr, du bist einfach großartig!“

An dieser Methode fand ich Gefallen; zahlreiche Bibelzitate sind so in dieses Buch gekommen. Manchmal schlug ich abends vor dem Einschlafen eine Bibelstelle auf. Dann betete ich um ein neues Kapitel zu dieser Stelle. Als ich am nächsten Morgen erwachte, begann sich das dazu passende Kapitel zu diktieren.

Gott war erfinderisch, mir die Bibelstellen, die er in diesem Buch haben wollte, zukommen zu lassen. So sprach er zum Beispiel durch Freunde, mit denen mein Mann und ich uns gerade trafen. Sie erzählten uns etwas und zitierten dabei einen genau passenden Bibeltext zu dem Kapitel, das ich gerade schrieb. Dabei wussten unsere Freunde von diesem Kapitel nichts.

Manchmal ließ Gott mich auch selbst in der Bibel schmöckern. Ich wusste warum. Er wollte, dass ich mich mit der Bibel mehr beschäftigte und Gefallen an ihr fand; aber selbst beim Schmöckern führte mich Gott auf wunderbare Weise. Er schenkte mir einen Zugang zum Alten Testament, den ich vorher nicht besaß, und machte mich auf zahlreiche wundervolle Stellen darin aufmerksam. So brachte das Schreiben dieses Buches ein großes Wunder mit sich: Die Bibel und ich sind dicke Freunde geworden.

Als immer mehr Bibelstellen in dieses Buch kamen, fragte ich Gott, ob es nicht besser ein Mensch schreiben sollte, der in der Bibel kundiger war als ich. Doch Gott antwortete mir: „Es ist mein Wunsch, dass du dieses Buch schreibst; denn du hast die Erfahrungen mit mir und du kennst andere Menschen, die ebenfalls zahlreiche Wunder durch das Danken erleben durften. Mache dir wegen der Bibelstellen keine Sorgen. Dafür sorge ich!“

Danke, dass du weitermachst

Gott sorgte nicht nur für die Bibelstellen. Er sorgte auch dafür, dass ich weiterschrieb, wenn Zweifel an diesem Projekt aufkamen. Bisher hatte ich viele andere Bücher über Gott und Gebetserhörungen gelesen; aber die Gebete waren bittend. Das Danken im Voraus hatte ich noch nirgends gelesen.

Trotz der zahlreichen Wunder, die mir bekannte Menschen und ich durch das Danken schon erleben durften, packten mich eines Tages enorme Zweifel. Deshalb rief ich Gott an, er solle mir Bestätigung geben, wenn er wolle, dass ich dieses Buch für ihn schreibe. Im selben Moment führte er mich zu meinem Bücherschrank und veranlasste mich, ein Buch herauszunehmen. „Lege deine Hand darauf, konzentriere dich auf mich und schlage dann eine Seite auf!“, forderte mich Gott auf. Wieder folgte ich seinem

Rat und schlug das Buch etwas niedergeschlagen auf. Doch nun traute ich meinen Augen kaum: Mein Blick fiel auf einen Text, der das Danken im Voraus als wirkungsvolle Gebetsform lobte. Vor Jahren hatte ich dieses Buch ganz gelesen. Es enthielt einige Erhörungen von Bittgebeten. Doch an diese Stelle zum Danken, die ich nun aufgeschlagen hatte, konnte ich mich nicht mehr erinnern. Nun begann ich eifrig, das ganze Buch nach weiteren Stellen abzusuchen; doch es blieb bei dieser einen kurzen Textstelle, die nicht mehr als einen Absatz umfasste. Sonst sprach das Buch überall vom Bitten. Umso mehr staunte ich jetzt, wie genial Gott mich sofort zu dieser einen Stelle geführt hatte. „Lieber Gott, du bist himmlisch!“, rief ich aus.

Trotz aller großartigen Erlebnisse, die ich während des Schreibens dieses Buches hatte, fragte ich mich eines Tages, ob die Welt mein Buch überhaupt brauchte, weil es doch schon viele andere Bücher gab. Wieder rief ich Gott an, er solle mir zeigen, ob dieses Buch wirklich sein Wille sei. Einen halben Tag später schon ermutigte mich Gott auf wunderbare Weise. In einem botanischen Garten führte Gott eine kranke Frau, einen Arzt und mich durch einen göttlichen Zufall zusammen. Wir drei kannten uns vorher nicht, kamen aber schnell ins Gespräch. Die Frau erzählte uns von ihrem Leiden und suchte Hilfe. Sie meinte, die Medizin hätte ihr bisher nicht helfen können. Der Arzt und ich versuchten, ihr Mut zu machen. Ich erzählte ihr von meiner Heilung und meinen Dankes-Erfahrungen. Der Arzt war begeistert, als er meine Worte hörte. Er erzählte der Frau von medizinischen Studien, die belegen, dass Beten die Gesundheit positiv beeinflusst. Gemeinsam ermutigten wir die Frau, selbst für ihre Gesundheit im Voraus zu danken. Während die Frau zu Beginn unseres Gesprächs den Tränen nahe war, hellte sich ihr Gesicht im Laufe des Gesprächs auf. Plötzlich sagte sie zu mir: „Wenn ich über das Danken nur ein Buch hätte; es wäre mir eine Hilfe, mich mehr damit zu beschäftigen.“ Als ich wieder zuhause war, schrieb ich – der kranken Frau zuliebe – voller Elan an diesem Buch weiter. Ermutigt dachte ich mir: „Wenn ich nur einem Menschen mit diesem Buch helfen kann, dann hat sich die Arbeit schon gelohnt!“

Reich von Gott beschenkt

Mit all diesen schönen Erfahrungen war es für mich ein richtig spannendes Abenteuer, dieses Buch aus Liebe für Gott und für dich, liebe Leserin, lieber Leser, zu verfassen. Das Buch trägt die Handschrift Gottes, denn nur mit seiner großartigen Hilfe konnte ich es schreiben. Dankbar lege ich es in seine Hände und in deine Hände; und ich wünsche dir von Herzen, dass die Botschaften dieses Buches viel Glück in dein Leben bringen.

Dankgebete für jeden Tag

Alle Gebete, die du in diesem Buch findest, sind Vorschläge, die du natürlich auch in eigene Worte fassen und speziell deinen Bedürfnissen entsprechend abändern kannst. Lasse dich dabei von Gott führen und rufe den Heiligen Geist an, dass er dich inspiriert. Du wirst feststellen, wie viel Freude es macht, mit ihm zusammen eigene Gebete zu formulieren.

Großen Spaß macht es auch, Gottes Antworten freudig und dankbar zu erwarten. Du darfst dir sicher sein, dass Gott alle deine Gebete, die du vertrauensvoll an ihn richtest, zu deinem Besten erhört.

Falls die Antwort Gottes anders als gewünscht ausfällt, darfst du fest darauf vertrauen: Gott hat den Überblick und sucht immer das Beste für dich aus. Wenn er dir das Gewünschte nicht schenkt, dann nur deshalb, weil er etwas viel Besseres mit dir vorhat. Freue dich schon jetzt dankbar darauf!

Gott entscheidet nach seinem großartigen Plan für dein Leben; kein menschlicher Plan könnte so liebevoll ausgewählt, genial durchdacht und glückbringend sein. Es ist deshalb sehr klug, alle deine Bedürfnisse vor Gott zu bringen und dann alles Weitere ihm zu überlassen. Sobald sich sein Plan für dein Leben zu erfüllen beginnt, wirst du feststellen, dass sich alles viel besser entwickelt, als du es dir je erträumen konntest.

Gib Gott viel Spielraum für seine Wunder

Du bist gut beraten, neben Gebeten für bestimmte Anliegen auch regelmäßig offener formulierte Gebete zu sprechen. So gibst du Gott die Chance, auf vielfältigste Weise seinen reichen Segen in dein Leben auszugießen. Die nachfolgenden Gebete können dir dabei als Anregung dienen:

Danke, lieber Gott, ...

... dass ich dich kennen, dich lieben und mit dir leben darf.
... dass du alle meine Lieben und mich immer reichlich segnest.
... dass du meine Lieben und mich ständig mit deiner himmlischen Fülle verwöhnst.
... dass du meinen Lieben und mir ständig ein glückliches Leben in deiner Liebe schenkst.
... dass du alle meine Bedürfnisse immer vollkommen und liebevoll erfüllst.
... dass alle meine Lieben und ich immer vollkommen gesund und heil sind an Körper, Geist und Seele.
... dass du meinen Lieben und mir einen tiefen Seelenfrieden schenkst.
... für den Frieden in mir, in meiner Umgebung und auf der ganzen Welt.
... dass du mich immer in allem nach deinem Willen führst.
... dass ich immer von deinem Heiligen Geist erfüllt bin.
... dass du mir alles schenkst, was mich zu dir hinführt.
... dass du alles von mir fernhältst, was mich von dir wegführen würde.
... dass ich immer ganz eins mit dir bin.
... dass du mir die für mich beste Lebensaufgabe schon geschenkt hast.
... dass ich dein Werkzeug der Liebe und des Friedens bin.
... dass all meine Gedanken, Worte und Taten immer vollkommen rein und liebevoll sind.
... dass ich dir in jedem Augenblick meines Lebens mit unbeschreiblich großer Freude diene.

... dass du meine Liebe zu dir, zu deiner Schöpfung und zu meinem Partner immer noch weiter wachsen lässt und uns in deiner Liebe verbindest.
... dass du meine Lieben und mich immer auf deinem göttlichen Lebensweg führst.
... dass du alle meine Lieben und mich immer beschützt und vor Leid und Unheil bewahrst.
... für alles, was du meinen Lieben und mir schon geschenkt hast.
... für alles, was du meinen Lieben und mir noch schenken willst.
... dass ich täglich über deine Wunder staunen darf.

Vorhang auf für dein Leben in Glück und Fülle

Was keiner jemals gesehen oder gehört hat,
was keiner jemals für möglich gehalten hat,
das hält Gott für die bereit, die ihn lieben.
1. Korinther 2,9

Gott hat bereits alles geschaffen, was du zum Glücklichsein benötigst. Mit deinem Lob und Dank ziehst du den Vorhang zu seiner Schatzkammer auf. Jetzt kann dein Leben in Glück und himmlischer Fülle beginnen. Schöpfe Gottes Güte voll aus. Lobe ihn täglich für alles, was er für dich getan hat und künftig für dich noch tun wird. Danke Gott im Voraus für dein glückliches Leben in seiner Liebe. Fordere so von Gott die reichen Geschenke ein, die er für dich schon lange bereithält.

Dir, Herr, bringe ich meinen Dank,
von dir will ich singen vor allen Völkern;
denn deine Güte reicht bis an den Himmel
und deine Treue, so weit die Wolken ziehen!
Psalm 57,10.11

Habe Vertrauen, dass diese wundervolle Methode des „Dankens im Voraus“ bei dir genauso funktioniert wie bei jedem anderen Menschen der Welt!

Alle Dinge sind möglich dem,
der da glaubt.
Markus 9,23

Mache es wie der Wetterfrosch. Bete!

Eine Frau namens Helena erzählte mir vor einigen Jahren, dass ihr Mann John sich einer sehr risikoreichen Operation unterziehen müsse. Es bestehe die Gefahr, dass John die Operation nicht überlebe oder ab dem Hals querschnittsgelähmt aufwache. Um Helena zu helfen, bot ich ihr an, für John zu beten. „Ja, bitte tun Sie das", bat sie mich sorgenvoll, „denn ich selbst kann es nicht." Verwundert schaute ich Helena an und forderte sie auf: „Natürlich können Sie das. Beten kann jeder." Zweifelnd antwortete mir Helena: „Ich habe noch nie gebetet. Vierzig Jahre führte ich ein Leben ohne Gott. Er ist mir bestimmt böse und wird mein Gebet nicht erhören. Tun Sie das lieber für meinen Mann."

Ermunternd erklärte ich ihr: „Es ist ganz wichtig, dass auch Sie für Ihren Mann beten. Gott wartet auf Ihr Gebet. Er will jetzt für Sie Wunderbares tun. Dabei ist es egal, welche Vorgeschichte Sie bisher hatten. Gott freut sich nicht nur über Gebete treuer Gottesdiener. Weil Gott nur Lieblingskinder hat, sind Sie ein ganz besonderes, wertvolles Lieblingskind Gottes! Auch wenn Sie bisher nur ein bisschen oder gar nicht an Gott geglaubt haben, schon lange nicht mehr oder noch nie gebetet haben, können Sie sich hundertprozentig sicher sein: Gott macht einen Luftsprung, wenn Sie jetzt, hier und heute zu ihm beten. Gott wird Ihre Gebete zu Ihrem Besten erhören, vom ersten Moment an. Probieren Sie es einfach aus und fangen Sie jetzt zum Beten an!"

Die Operation verlief Gott sei Dank sehr gut. John überlebte sie, war nicht gelähmt und konnte als neuer Mensch sein Leben beginnen. Als John einige Zeit später zu einer Nachuntersuchung ins Krankenhaus kam, erfuhr er, dass der nächste Patient, der auf die gleiche Weise operiert wurde, sich nach der Operation vom Hals abwärts nicht mehr bewegen konnte. Dies zeigte uns deutlich, dass der positive Ausgang der Operation nicht selbstverständlich war. Gott hatte dem Ehepaar ein großes Geschenk gemacht.

In jeder Sekunde unseres Lebens macht Gott uns Menschen ein wunderbares Geschenk: Er ist immer für uns da, für jeden Menschen der Welt. Wir können im Gebet immer zu ihm kommen. Die Fähigkeit zu beten, hat Gott jedem Menschen in die Wiege gelegt. Jeder Mensch kann beten. Keiner muss das Beten erst lernen. Jeder kann damit sofort anfangen. Gott verlangt keine besonderen Texte. Er will nur, dass dein Wunsch von Herzen kommt. Es ist egal, ob du dein Anliegen laut oder in Gedanken, singend, tanzend oder als Gefühl vor Gott bringst. Er versteht dich immer. Wirf alle Ängste über Bord, dass du dabei etwas falsch machen könntest. Du machst es automatisch richtig.

Selbst Menschen, die schon lange Jahre an Gott glauben und viele eigene Gebetserfahrungen machen durften, zweifeln manchmal an ihrem „Können“. Auch mir ging es lange Zeit so. Immer wieder rief ich meine Mutter an und bat sie, für bestimmte Anliegen mitzubeten. Nach meinem Anruf hatte ich das Gefühl, dass jetzt alles gut werde, weil meine Mutter dafür betete.

Generell ist es ganz wichtig und wertvoll, füreinander zu beten. Gott fordert uns zu diesem Liebesdienst auf. Aber es ist auch sehr wichtig, dass wir an die Kraft unserer eigenen Gebete glauben. Eines Tages sagte mir meine Mutter, dass ich mehr Vertrauen in meine eigenen Gebete haben solle. Mit Gottes Hilfe und der neuen Methode, dem Danken im Voraus, schaffte ich das nach einiger Zeit. – Heute erlebe ich es, dass mich Freunde anrufen und bitten, für sie zu beten. „Du hast einen besonders guten Draht zu Gott. Dir erfüllt er jeden Wunsch“, sagen sie. „Kannst du – als unser Wetterfröschchen – für gutes Wetter am Wochenende beten, damit unser Vorhaben nicht ins Wasser fällt?“ Zu diesem Namen bin ich gekommen, weil ich meinen Freunden oft von Gottes Wundern als Antwort auf meine Dankgebete für Regen oder Sonne erzählt habe.

Natürlich bete ich jedes Mal gerne für meine Freunde und ihre Anliegen. Aber es ist mir ganz wichtig, zu betonen: Wenn Gott Gebete erhört, hat das nichts mit dem „Können“ des Betenden zu tun. Der Gebets-„Erfolg“ beruht nicht auf seiner eigenen Leistung, sondern allein auf Gottes Gnade (Epheser 2,8.9); und was meine Person betrifft: Ich habe keine besonderen Fähigkeiten, und mein Draht zu Gott ist nicht besser als bei anderen Menschen. Gott bevorzugt niemanden, auch keine „Wetterfrösche“. Ihm sind alle Menschen gleich wichtig. Seine Wunder lässt er für *jeden* geschehen, der ihn liebt, zu ihm betet und ihm vertraut.

Herr, du großer und mächtiger Gott,
wie gut hat es jeder,
der sich auf dich verlässt!
Psalm 84,13

Fange deshalb gleich an:
Bete, danke, freue dich, juble Gott zu,
denn jetzt heißt es:

Vorhang auf
für dein Leben in Glück und himmlischer Fülle!